DELIUS KLASING

CUNARD

THE MOST FAMOUS OCEAN LINERS IN THE WORLD SM

Rezepte:
Jean-Marie Zimmermann

Text:
Jean-Sébastien Petitdemange

Fotos:
Jean-François Mallet

Queen Mary 2

REZEPTE AUS DER SPEISEKARTE DES LUXUSLINERS

Delius Klasing Verlag

Titel der französischen Originalausgabe: Queen Mary 2, Une Croisière Gastronomique

Bibliografische Information der Deutschen Nationalbibliothek
Die Deutsche Nationalbibliothek verzeichnet diese Publikation in der Deutschen Nationalbibliografie; detaillierte bibliografische Daten sind im Internet über http://dnb.d-nb.de abrufbar.

1. Auflage
ISBN 978-3-7688-3175-8
Die Rechte für die deutsche Ausgabe liegen beim Verlag
Delius, Klasing & Co. KG, Bielefeld

Aus dem Französischen von Elisabeth Szilagyi-Westphal
Lektorat: Birgit Radebold, Dr. Stephanie Kloster
Layout: Georges Riu
Satz: Kunst- und Werbedruck, Bad Oeynhausen
Schutzumschlaggestaltung: Gabriele Engel
Printed in China by Book Partners China Ltd

Delius Klasing Verlag, Siekerwall 21, D-33602 Bielefeld
Tel.: 0521/559-0, Fax: 0521/559-115
E-Mail: info@delius-klasing.de · www.delius-klasing.de

Vorwort

Es lässt sich nicht leugnen, dass die Elsässer im Bereich der Küche erfolgreich sind, wo sie, allgemein gesprochen, brillieren. Wenn man in einem Sterne-Haus nachfragt, welches die bevorzugten Lehrlinge sind, dann lautet die einhellige Antwort: die Elsässer.

Nach genauer Betrachtung zeigt sich sehr oft, dass die Großmütter an diesem Erfolg schuld sind. Vielleicht, weil sie es in früheren Zeiten waren, die Disziplin und Strenge bei allen Dingen von Bedeutung walten ließen.

Auch Jean-Marie Zimmermann ist keine Ausnahme von dieser Regel. Im Schoß einer Familie aufgewachsen, die gute Produkte und guten Geschmack zu schätzen wusste, absolvierte er eine Kochlehre in Straßburg. Dann machte er sich auf in den Süden, um sein Handwerk zu vertiefen. Bald zog es ihn in die Fremde, nach Deutschland, später nach England, wo er sein Können in den großen Küchenteams der internationalen Hotels bewies.

Dort stellte er sein Talent in den Dienst der großen Hotelketten, wie InterContinental und Sheraton, und der Grandhotels, wie dem Royal Garden Hotel in Kensington. Bald aber eröffnete er sein eigenes Haus, das Warrener, in der englischen Grafschaft Berkshire. Ein Abenteuer, das er mit Suzanne, seiner Frau, mehr als sieben Jahre lang teilte.

Es folgte eine kleine Verschnaufpause in Frankreich, die nicht allzu lange dauerte, denn unser Spitzenkoch brach schon bald wieder auf – diesmal aber auf einem Schiff. Er machte sich einen Namen in der Welt der Kreuzfahrer, und als *Cunard* ihre QUEEN MARY 2 in Betrieb nehmen wollte, wandte sich die Reederei an Jean-Marie Zimmermann und bot ihm den Posten des Executive Chefs dieses Schiffs an. Kaum hatte er einen Fuß auf die Gangway gesetzt, gab es kein Halten mehr für unseren Chef-Globetrotter. Seit seiner Ernennung zum »Global Culinary Ambassador« ist er für alle Transatlantikschiffe *Cunards*, der Reederei mit den luxuriösesten Schiffen der Welt, verantwortlich. Er wird zur kulinarischen Galionsfigur. Täglich muss er einer höchst anspruchsvollen Klientel sein Können beweisen und sein Gespür für Neues. Das ist von größter Wichtigkeit für seine Gäste, deren Tage an Bord von den Mahlzeiten gekrönt werden.

Vom Frühstück bis zu den thematischen Buffets, vom Mittagessen bis zu den festlichen Abendanlässen muss er immer etwas Neues bieten. Jean-Marie erfüllt diese Erwartung der Kunden seiner Reederei gern und mit großer Freude. Sein größter Erfolg aber ist seine Familie, die jetzt in der Nähe von Bordeaux lebt. Dazu gehören seine erwachsenen Kinder, die beide ihren Weg im Leben gefunden haben, und seine Frau. Jeden seiner seltenen Landaufenthalte verbringt er mit ihnen – nicht weit entfernt von jenem Meer, das ihm so viel schenkt!

Paul Bocuse

Inhalt

Eine Einladung zur Reise

»Ich reise nach New York ... auf einem Ozeanriesen!«

Stellen Sie sich nur einmal die Reaktion vor, die diese Worte hervorrufen. Zunächst Bewunderung, weil doch Seereisen noch immer als Abenteuer gelten. Und zweifellos Neid von Kennern, die das auch gern tun würden. Oft auch Verständnislosigkeit von denen, die sich nicht vorstellen können, warum jemand auch in unserer Zeit solch eine Überfahrt machen möchte. Offensichtlich aber träumen noch heute viele davon, diese Reise zu erleben.

In der zweiten Hälfte des 19. Jahrhunderts war der Aufbruch nach New York mit der Vorstellung von Freiheit verbunden. Millionen von Emigranten wagten ihr Glück und verließen ihr Land für ein neues Leben in den Vereinigten Staaten. Und lange Zeit wurden diese furchtlosen Reisenden bei ihrer Ankunft von der Freiheitsstatue willkommen geheißen.

Heute werden die meisten der Ankommenden in New York von den üblichen seelenlosen Fluren empfangen, den gleichen wie auf allen anderen Flughäfen der Welt. Die Freiheitsstatue ist zu einer unter vielen Sehenswürdigkeiten geworden, die von den Touristen auf ihrer im Battery Park in Lower Manhattan startenden Tour besichtigt werden.

Und doch gibt es noch immer Reisende, die den freudigen kleinen Stich im Herzen verspüren, dieses Gefühl, das man hat, wenn man am frühen Morgen in die von der großen Dame bewachten Bucht von Manhattan einläuft. Nach fünf auf dem Ozean verbrachten Tagen kommen sie an – an Bord der QUEEN MARY 2.

Queen Mary 2

Das längste, breiteste, höchste und großartigste Transatlantikschiff, das je gebaut wurde.

Die QUEEN MARY 2 ist ein Passagierschiff mit vielen Superlativen: das längste, breiteste, höchste und großartigste Transatlantikschiff, das je gebaut wurde. Es ist ein Schiff des 21. Jahrhunderts und bereits heute eine Legende im Nordatlantik. Und für all jene, die das Reisen im besten Sinn des Wortes lieben, ist diese Passage zwischen Southampton und New York ein Muss. Sie ist eine Erfahrung, die unauslöschliche Erinnerungen hinterlässt: der Kitzel, wenn der majestätische Gigant in See sticht, wenn er fast unmerklich am Quai entlanggleitet; ein Sonnenuntergang, den man vom Swimmingpool auf dem Achterdeck aus beobachtet; die festliche Kleidung zum Abendessen und für die abendliche Unterhaltung, die uns in eine längst vergangene Zeit zurückversetzt – und natürlich die Ankunft in New York.

All dies ist die QUEEN MARY 2, und noch vieles mehr. Sie verkörpert ein Ausmaß an Luxus, das es heute eigentlich nur noch in wenigen großen Spitzenhotels gibt; eine Art des Reisens, wie sie in einem früheren Jahrhundert gang und gäbe war; einen Lebensstil, der sich aus den lebendigsten Traditionen in Verbindung mit der Moderne speist. Am deutlichsten zeigt sich dieser Sinn für moderne Tradition zweifelsohne bei Tisch.

Der prunkvolle Gang auf Deck 3, der zum Restaurant Britannia führt (vorherige Seite).

Die QUEEN MARY 2 *im Sonnenuntergang mit Kurs auf New York (rechts).*

CUNARD

Cunard – die Traumreise

Wenn es einen Namen gibt, der sich unmittelbar mit dem Begriff der Atlantiküberfahrt verbindet, dann ist es *Cunard*.

Seit mehr als 160 Jahren schreibt die Reederei *Cunard* herausragende Seefahrtgeschichte. Ihre berühmten Passagierschiffe haben alle Meere und Ozeane der Welt befahren. Sie haben die Größten und Berühmtesten befördert: Könige und Königinnen, Stars und Prominente, die Lenker der Wirtschaft ebenso wie die Präsidenten zahlloser Nationen. Und alle waren sie überwältigt vom Luxus, Glanz und von der Leistung der *Cunard*-Flotte.

Heute besitzt *Cunard* mit der QUEEN MARY 2 – das erste Linienschiff, das in den letzten 30 Jahren gebaut wurde – das längste, breiteste, höchste und glanzvollste Schiff in der Geschichte der Seefahrt.

Die QUEEN MARY 2 ist schlank und majestätisch. Fast unbemerkt von den Passagieren durchpflügt sie die höchsten Wellen. Mit einer Höchstgeschwindigkeit von beinahe 30 Knoten ermöglicht sie eine Überfahrt, wie man sie sich ungestörter nicht vorstellen kann.

Cunard lädt Sie einerseits zu einer Reise durch die Zeit ein, einer Reise zurück ins Goldene Zeitalter der Transatlantikpassagen, bevor es Flugzeuge gab. Vergessen Sie die Hektik Ihrer Tage und lassen Sie sich vom Rhythmus des Schiffs und dem Wiegen der See tragen.

Zum anderen lockt das Schiff mit einer Reise um die Welt. Alle Häfen der Erde bieten der QUEEN MARY 2 einen besonderen Empfang, und es ist immer ein großes Ereignis, wenn das schöne Schiff anlegt. Als ihr Passagier fühlen Sie sich bei Ihrer Ankunft in einem fremden Land ganz besonders – im Gegensatz zu anderen Reisenden.

Als *Cunard* die QUEEN MARY 2 bauen ließ, hatte man ein großartiges und elegantes Schiff vor Augen. Es sollte die Krönung der Schiffbaukunst sein. Ein Schiff, auf dem die Passagiere unvergessliche Erlebnisse erwarten können.

345 Meter lang · 41 Meter breit
72 Meter hoch · 1253 Mann Besatzung · 2620 Passagiere
532 Quadratmeter pro Passagier
15 Decks mit einer Gesamtfläche von 15 000 Quadratmetern
150 000 Tonnen · 300 000 Stahlbauteile

14 Restaurants, darunter das größte auf See
14 Bars und Clubs · 1 Theater mit mehr als 1000 Plätzen
1 Spielkasino · 5 Schwimmbäder · 8 Whirlpools
1 Balneotherapiebereich mit 1860 Quadratmetern
1 Bibliothek mit 8000 Büchern

1838 Es war ein irisches Schiff, die SIRIUS, das als erstes ohne Segel, nur mit Dampfantrieb, den Atlantik überquerte. Leider ging vorzeitig der Brennstoff aus, und man musste die Möbel und einen Teil der Innenausstattung verfeuern, um New York zu erreichen.

31. Mai 1859
Big Ben ertönte zum ersten Mal und verkündete die Uhrzeit in London.

6. November 1860
Abraham Lincoln wurde zum Präsidenten der Vereinigten Staaten gewählt. Fünf Jahre später wurde in den USA die Sklaverei offiziell abgeschafft.

1840 Am 4. Juli, dem Unabhängigkeitstag, legte die BRITANNIA als erstes Dampfschiff von Samuel Cunard in Liverpool ab. Zehn Tage später erreichte sie Halifax, den Geburtsort des Eigners. Es war der Beginn des regelmäßigen Überseedienstes für Passagiere, Post und Fracht. Neben der BRITANNIA wurde er von drei weiteren *Cunard*-Schiffen gewährleistet: der ACADIA, der CALEDONIA und der COLUMBIA.

1862 Bau der CHINA. Sie war *Cunards* erstes Schiff mit Propellerantrieb und eines der ersten, das speziell für den Personentransport entwickelt wurde, insbesondere für Auswanderer von Europa nach Nordamerika.

9. September 1850
Kalifornien wurde als 31. Staat in die USA aufgenommen.

RMS BRITANNIA
Stapellauf: 5. Februar 1840
Länge: 63,09 Meter
Breite: 10,36 Meter
Höchstgeschwindigkeit: 9 Knoten
Passagiere: 115
Status: 1848 nach Deutschland verkauft und 1880 dort als Zielschiff versenkt

RMS SERVIA
Stapellauf: 1. März 1881
Länge: 157 Meter
Breite: 15,08 Meter
Höchstgeschwindigkeit: 17,8 Knoten
Passagiere: 1050, davon 450 erster Klasse
Besatzung: 200
Status: 1902 ausgemustert

RMS CARPATHIA
Stapellauf: 6. August 1902
Jungfernfahrt: 5. Mai 1903
Länge: 165 Meter
Breite: 19,5 Meter
Höchstgeschwindigkeit: 17,5 Knoten
Passagiere: 1704
Status: am 17. Juli 1918 von einem deutschen U-Boot durch ein Torpedo versenkt

5. Juli 1841
Thomas Cook organisierte als Erster Gruppenreisen. Auch die Idee des Reisebüros geht auf ihn zurück.

1854 Im Krimkrieg kämpften England und Frankreich gemeinsam gegen Russland, das die territoriale Unabhängigkeit des Osmanischen Reichs bedrohte. Bis zum Ende der Feindseligkeiten im Jahre 1856 wurden 14 *Cunard*-Schiffe, die unter Nationalflagge fuhren, für den Kriegsdienst requiriert.

1839 Samuel Cunard, ein Geschäftsmann aus Nova Scotia, Neuschottland, gründete die *British and North American Royal Mail Steam Packet Company*. Er war so fest vom zukünftigen Erfolg der Dampfschifffahrt überzeugt, dass er den größten Teil seines Vermögens in dieses neue Transportmittel investierte.

22. August 1851
Der Schoner AMERICA *gewann die Segelregatta um die Isle of Wight über die Strecke von 93 Kilometern. Es war der Beginn des America's Cup.*

1865
28. April. Samuel Cunard starb in London.

1881 Am 1. März ließ *Cunard* die RMS SERVIA vom Stapel laufen, als Konkurrenz zu den Schiffen der *White Star Line*. Sie startete am 26. November zu ihrer Jungfernfahrt von Liverpool nach New York und war das erste Dampfschiff sowohl mit Stahlrumpf als auch mit Stromversorgung. Das Unternehmen legte großen Wert auf die besonders luxuriöse Unterbringung seiner Passagiere in der ersten Klasse.

22. März 1895
Die Brüder Lumière führten ihren ersten Film vor, es war die Geburtsstunde des Kinos.

1902 Stapellauf der RMS CARPATHIA. Ohne die Geschehnisse vom 15. April 1912 wäre die Geschichte der CARPATHIA völlig unspektakulär. Weil sie aber auf den SOS-Ruf der TITANIC reagierte und als Erstes an der Unglücksstelle eintraf, bleibt sie im Gedächtnis. Sie nahm 705 Passagiere und Besatzungsmitglieder auf. Sie selbst wiederum ging im Juli 1918 verloren, als sie während einer Versorgungsfahrt nach Boston von einem deutschen U-Boot torpediert wurde.

4. September 1870
Geburtsstunde der Dritten Französischen Republik.

24. Mai 1883
Einweihung der Hängebrücke von Brooklyn nach 14 Baujahren.

6. Mai 1889
Freigabe des Eiffelturms für die Öffentlichkeit im Rahmen der Weltausstellung in Paris.

22. Januar 1901
Queen Victoria stirbt nach 60-jähriger Regierungszeit im Alter von 81 Jahren.

RMS CARONIA
Jungfernfahrt: am 25. Februar 1905 von Liverpool nach New York
Länge: 206,60 Meter
Breite: 22 Meter
Reisegeschwindigkeit: 18 Knoten
Passagiere: 2650
Letzte gewerbliche Fahrt: 12. September 1932
Letzte Fahrt: 1935 von London nach Osaka

RMS CARMANIA
Jungfernfahrt: am 2. Dezember 1905 von Liverpool nach New York
Länge: 205,70 Meter
Breite: 22 Meter
Reisegeschwindigkeit: 18 Knoten
Passagiere: 2650
Letzte gewerbliche Fahrt: Juli 1931

RMS LUSITANIA
Jungfernfahrt: am 7. September 1907 von Liverpool nach New York
Länge: 239 Meter
Breite: 26,5 Meter
Höchstgeschwindigkeit: 25 Knoten
Passagiere: 2400, davon 500 erster Klasse, 500 zweiter Klasse und 1400 dritter Klasse
Besatzung: 800
Status: von einem deutschen U-Boot, der U-20, am 1. Mai 1915 torpediert.
Es gab 1198 Opfer, darunter 123 amerikanische Bürger.

10. März 1876
Graham Bell führte in Boston das erste Telefongespräch.

1870 Gründung der *White Star Line*. Komfort und Modernität der *White-Star*-Passagierschiffe zwingen *Cunard* zu reagieren und noch bessere Dienstleistungen und Unterbringung während der Überfahrt anzubieten.

28. Oktober 1886
Einweihung der Freiheitsstatue, die Frankreich den Vereinigten Staaten als Zeichen der Freundschaft schenkte.

1893 Die RMS CAMPANIA und die RMS LUCANIA waren auf der Transatlantikroute die ersten Schiffe mit Doppelschraubenantrieb. Zwei Jahrzehnte später, im Ersten Weltkrieg, wurde die CAMPANIA mit einer 113 Meter langen Plattform ausgerüstet, die als Landebahn diente. So wurde das Schiff zum Vorläufer der einige Jahre später aufkommenden Flugzeugträger.

1905 Stapellauf der RMS CARONIA und der RMS CARMANIA, der »großen Damen« des Atlantiks. Diese Schiffe erhielten neue, speziell entwickelte Antriebe. Sie testeten die neuen Dampfturbinen, bevor sie für nachfolgende Passagierschiffe, darunter die LUSITANIA, eingesetzt wurden. Zu Beginn des Ersten Weltkriegs brachte die CARMANIA den Deutschen eine originelle Niederlage bei. Sie versenkte die CAP TRAFALGAR, die der Feind ausgerechnet als CARMANIA getarnt hatte!

1907 Als Reaktion auf die harte Konkurrenz unter den verschiedenen transatlantischen Linien ließ *Cunard* zwei gleiche Dampfer vom Stapel laufen, die RMS MAURETANIA und die RMS LUSITANIA. Die Zwillingsschiffe wurden im Handumdrehen aufgrund ihres Luxus' und der Höchstgeschwindigkeit zu Legenden. Dank ihrer neuen Schiffsmotoren mit den vier Dampfturbinen brachten sie es auf 25 Knoten. Im Oktober 1907 errang die LUSITANIA das Blaue Band, und die MAURETANIA konnte es 22 Jahre lang verteidigen.

1915 Am 1. Mai wurde die LUSITANIA vor der irischen Küste von einem deutschen U-Boot torpediert. Es gab einen gewaltigen Schrei der Entrüstung, als bekannt wurde, dass ein amerikanischer, in Besitz von Telefunken befindlicher Sender dem Feind den Kurs des Schiffes verraten hatte. Fast 1200 Personen verloren bei dieser Katastrophe ihr Leben.

1914–1918 Während des Ersten Weltkriegs requirierte die britische Regierung die meisten Schiffe von *Cunard* für den Kriegseinsatz. Sie wurden als Lazarettschiffe, Transporter für Truppen und Kriegsgefangene, für Waffen und Munition und sogar als bewaffnete Hilfskreuzer eingesetzt. In diesen vier Jahren verlor *Cunard* 22 Schiffe.

1923 Im Januar legte die RMS LACONIA als erster Ozeandampfer zu einer Fahrt um die Welt ab. Die Reise dauerte fast vier Monate. Das im April 1921 in Betrieb genommene Schiff wurde von der *Cunard*-Reederei in Erinnerung an die erste LACONIA in Auftrag gegeben. Ihre Vorgängerin war zehn Jahre zuvor, am 25. Februar 1917, auf einer Fahrt über den Atlantik von einem deutschen U-Boot versenkt worden. Die Geschichte sollte sich wiederholen, denn auch das zweite Schiff dieses Namens wurde von einem deutschen U-Boot torpediert – am 12. September 1942.

1929 Die Aktienkurse an der Wall Street stürzten im Oktober dramatisch ab und rissen die USA zusammen mit dem Rest der Welt in die schlimmste Wirtschaftskrise des 20. Jahrhunderts. Es gelang der Wirtschaft viele Jahre nicht, sich von diesem Schock zu erholen, und am 8. Juli 1932 fiel der Dow-Jones-Index auf seinen tiefsten Stand seit seiner Einführung 1896.

RMS MAURETANIA
Jungfernfahrt: 16. November 1907
Länge: 239 Meter
Breite: 26,5 Meter
Höchstgeschwindigkeit: 26,7 Knoten
Passagiere: 2460, davon 560 erster Klasse, 500 zweiter Klasse und 1400 dritter Klasse
Besatzung: 800
Letzte Fahrt: 7. Juli 1935

RMS AQUITANIA
Jungfernfahrt: 30. Mai 1914
Länge: 275 Meter
Breite: 29,5 Meter
Höchstgeschwindigkeit: 24 Knoten
Passagiere: 3230, davon 618 erster Klasse, 614 zweiter Klasse und 1998 dritter Klasse
Besatzung: 972
Letzte Fahrt: Januar 1950
Status: 1950 in Schottland abgewrackt

RMS BERENGARIA
(ehemalige USS IMPERATOR)
Baujahr: 1913
Länge: 269 Meter
Breite: 29,96 Meter
Höchstgeschwindigkeit: 24 Knoten
Passagiere: 4248
Besatzung: 1180
Status: 1946 verschrottet

RMS LACONIA
(die Erste dieses Namens)
Baujahr: 1911
Jungfernfahrt: 20. Januar 1912
Länge: 183 Meter
Breite: 22,5 Meter
Höchstgeschwindigkeit: 17 Knoten
Passagiere: 2850
Besatzung: 217
Status: am 25. Februar 1917 von der U-50 torpediert

1912 14. April. Auf ihrer Jungfernfahrt von Southampton nach New York kollidierte die TITANIC um 23.45 Uhr an Steuerbord mit einem Eisberg. Sie sank um 2.20 Uhr früh. Es gab nur 868 Überlebende.

8. März 1917
Beginn der Russischen Revolution, die 1922 in die Gründung der Sowjetunion mündete.

1914 Stapellauf des elegantesten Passagierschiffs seiner Zeit: der RMS AQUITANIA. Sie ist das Schiff mit der längsten Dienstzeit im 20. Jahrhundert, nur übertroffen von der QUEEN ELIZABETH 2. Sie überstand zwei Weltkriege und wurde im Januar 1950 durch den Verkauf für 125 000 Pfund an die *British Iron & Steel Corporation* außer Dienst gestellt.

1919 Als Teil der Deutschland auferlegten Kriegsreparationen und um den Verlust der LUSITANIA auszugleichen, wurde der deutsche Dampfer IMPERATOR in RMS BERENGARIA umbenannt. Sie wurde neben der AQUITANIA und der MAURETANIA zu einem der großartigsten Passagierschiffe der *Cunard-Line*.

20. September 1928
Walt Disney präsentierte erstmals seine Filmfigur Mortimer, die später als Micky bekannt wurde.

1928 Baubeginn der RMS QUEEN MARY. Es war geplant, dass dieses Schiff die ganze Macht und Größe der britischen Nation verkörpern solle. Nach den Worten von König Georg V. sollte sie »das prachtvollste Schiff seiner Zeit« werden. Doch die Finanzkrise kam diesen Ruhmesträumen in die Quere und *Cunard* legte den Bau zwischen 1931 und 1934 auf Eis.

20. und 21. Mai 1927
Erster Transatlantikflug. Mit der Spirit of St. Louis *flog Charles Lindbergh in 33,5 Stunden von New York nach Paris.*

5. Dezember 1933
Ende der Prohibition in den USA.

1934 1. Januar. Zusammenschluss der *Cunard-Line* mit der *White Star Line*. Wegen der Wirtschaftskrise fuhren immer weniger Passagiere auf der Transatlantikroute. Die beiden Rivalen von einst erlitten große finanzielle Verluste und mussten daher auf Druck der englischen Regierung fusionieren. Die neue Gesellschaft trug den Namen *Cunard White Star Line Ltd.*

1938 27. September. Die RMS QUEEN ELIZABETH, der zweite für *Cunard* gebaute Superliner, stach in See. Die QUEEN ELIZABETH, auch liebevoll »The beautiful Lady« genannt, war das längste und größte Passagierschiff seiner Zeit, das je in Großbritannien gebaut wurde.

1940 3. März. Heimliche Jungfernfahrt der QUEEN ELIZABETH von Schottland nach New York, wo sie am 7. März ankam. Da man befürchtete, das Schiff könne ein bevorzugtes Ziel der Nazis sein, erhielt der Kapitän des Schiffs im letzten Augenblick den Befehl, das Schiff in die Vereinigten Staaten zu bringen. Im Verlauf des Krieges transportierte die QUEEN ELIZABETH mehr als 750 000 Soldaten und legte 500 000 Seemeilen zurück.

1942 Die QUEEN MARY und die QUEEN ELIZABETH brachten amerikanische Soldaten mit Höchstgeschwindigkeit und ohne Geleitschutz nach Europa. Sie waren so schnell, dass sie ohne Mühe den deutschen Kriegsschiffen und U-Booten entkommen konnten. Auch Torpedos waren machtlos. Der wütende Hitler setzte eine hohe Belohnung für die Mannschaft aus, die die QUEENS versenken würde – vergeblich.

4. November 1952
Eisenhower wurde zum Präsidenten der Vereinigten Staaten gewählt.

RMS LACONIA
(die Zweite ihres Namens)
Stapellauf: 9. April 1921
Jungfernfahrt: am 25. Mai 1922 von Southampton nach New York
Länge: 183 Meter
Breite: 22,5 Meter
Höchstgeschwindigkeit: 16 Knoten
Passagiere: 2200
Besatzung: 136
Status: am 12. September 1942 torpediert

RMS LANCASTRIA
(ursprünglicher Name TYRRHENIA)
Stapellauf: 31. Mai 1922
Jungfernfahrt: 19. Juni 1922
Länge: 168 Meter
Breite: 21,25 Meter
Höchstgeschwindigkeit: 17 Knoten
Passagiere: 2151
Besatzung: 320
Status: am 17. Juni 1940 versenkt

RMS QUEEN MARY
Gebaut: von 1928 bis 1936
Jungfernfahrt: 26. Mai 1936
Länge: 310,28 Meter
Breite: 36 Meter
Höchstgeschwindigkeit: 34 Knoten
Reisegeschwindigkeit: 29 Knoten
Passagiere: 2139
Besatzung: 1101
Letzte gewerbliche Fahrt: am 31. Oktober 1967 von Southampton nach Long Beach, Kalifornien
Status: seit 1971 Hotelschiff und Museum

1934 Am 3. April wurde der Bau der QUEEN MARY wieder aufgenommen. Und es wurde beschlossen, ein zweites Schiff dieses Typs zu bauen: die QUEEN ELIZABETH.

1939 Am 1. September brach der Zweite Weltkrieg aus und dauerte in Europa bis zum 8. Mai 1945. In Asien endete er am 2. September 1945 nach der Kapitulation Japans.

6. Juni 1944
Die Truppen der Alliierten landeten in Frankreich an der Küste der Normandie.

7. Dezember 1941
Japanische Flugzeuge griffen Pearl Harbor an.

1936 Am 27. Mai stach die QUEEN MARY zu ihrer Jungfernfahrt von Southampton nach New York in See. Sie wurde bei ihrer Ankunft am 1. Juni von einer begeisterten Menge in Manhattan begrüßt. Es war der Beginn eines neuen Goldenen Zeitalters der Seereisen. Die QUEEN MARY war das eleganteste Schiff ihrer Zeit. Nie zuvor war so viel Kreativität und Schönheit auf einem Schiff vereint. Es wurde bald zur Ikone einer ganzen Nation.

1940 Am 17. Juni nahm die RMS LANCASTRIA in Saint-Nazaire tausende britische Soldaten und Flüchtlinge an Bord, um sie sicher nach England zurückzubringen. Um 15.48 Uhr griffen deutsche Flugzeuge an und trafen das Schiff mehrfach. Eine Bombe fiel in den Schornstein und explodierte im Maschinenraum. Die LANCASTRIA sank in nur 24 Minuten. Es war die größte Tragödie, die die *Cunard-Line* je erleiden musste. Innerhalb weniger Minuten hatten mehr als 5000 Menschen ihr Leben verloren.

1967 22. September. Die QUEEN MARY verließ den Hafen von New York zu ihrer letzten Überfahrt. Die »Old Lady« hatte am Ende ihrer Tage fast 3 800 000 Seemeilen, das heißt sieben Millionen Kilometer, zurückgelegt. Heute liegt sie als Museumshotel am Quai von Long Beach in Kalifornien und zeugt vom Glanz und Luxus vergangener Tage.

21. Juli 1969
Neil Armstrong setzte als erster Mensch einen Fuß auf den Mond.

29. März 1973
Die letzten GIs verlassen Vietnam nach der Unterzeichnung des Friedensvertrags am 27. Januar in Paris.

1958 Zum ersten Mal überstieg die Zahl der Flugpassagiere zwischen Europa und den USA die der Schiffspassagiere. Es war ein Schlag für die transatlantische Seefahrt. Aber ein Direktor der *Cunard-Line* sagte dazu: »Fliegen ist nur eine Modeerscheinung. Es wird immer Passagiere für Schiffe wie die QUEENS geben.« Und man begann darüber nachzudenken, wie man die beiden QUEENS durch neue Schiffe ersetzen könnte.

5. Juni 1967
Beginn des Sechstagekriegs.

9. September 1976
Mao Zedong stirbt im Alter von 82 Jahren in Peking.

1969 2. Mai. Jungfernfahrt der RMS QUEEN ELIZABETH 2 von Southampton nach New York.

RMS QUEEN ELIZABETH
Stapellauf: 27. September 1938
In Dienst gestellt: 3. März 1940
Erste gewerbliche Fahrt: 18. Oktober 1946
Länge: 314,2 Meter
Breite: 36 Meter
Höchstgeschwindigkeit: 36 Knoten
Reisegeschwindigkeit: 29 Knoten
Passagiere: 2283
Letzte gewerbliche Fahrt: 8. November 1968

Status: 1972 nach verschiedenen Bränden gesunken.
Das Wrack wurde 1975 verschrottet.

RMS QUEEN ELIZABETH 2
Stapellauf: 20. September 1967
Jungfernfahrt: am 2. Mai 1969 von Southampton nach New York
Länge: 293,5 Meter
Breite: 32,03 Meter
Höchstgeschwindigkeit: 32,5 Knoten
Reisegeschwindigkeit: 29 Knoten
Passagiere: anfänglich 2005, danach 1791
Besatzung: 1015

Letzte gewerbliche Fahrt: am 27. November 2008 nach Dubai, um dort zum schwimmenden Hotel zu werden

1972 Im Hafen von Hongkong wurde die QUEEN ELIZABETH in eine schwimmende Universität umgebaut. Nach einigen rätselhaften Bränden an Bord sank das Schiff. Ein letzter Augenblick des Ruhms war ihr allerdings noch vergönnt: Sie diente in einer Szene des James-Bond-Films *Der Mann mit dem goldenen Colt* als Hintergrund.

16. Oktober 1978
Der Erzbischof von Krakau wird zum Papst gewählt, er trug den Namen Johannes Paul II.

1967 Die QUEEN ELIZABETH 2 lief in Gegenwart Ihrer Majestät, der Königin Elisabeth II., vom Stapel. Man war sich einig, dass es vorher noch kein Schiff gab, welches den Titel »Berühmtester Ozeandampfer der Welt« eher verdient hätte. Im September 2005 war sie der am längsten diensthabende Passagierdampfer der *Cunard-Line*. Im November 2008 legte sie in Dubai an und wurde dort in ein Hotel verwandelt. Sie hatte mehr als 3,5 Millionen Passagiere befördert und mehr als 803 Überfahrten gemacht.

22. November 1977
Die von British Airways und Air France betriebene Concorde *erhielt die Landeerlaubnis für den John-F.-Kennedy-Flughafen in New York. Damit begann ein regulärer Flugdienst.*

22. November 1963
Präsident Kennedy wird im Alter von 46 Jahren in Dallas, Texas, ermordet.

1982 Die QUEEN ELIZABETH 2 knüpfte an die Tradition vergangener *Cunard*-Schiffe des 20. Jahrhunderts an, indem sie von der britischen Regierung requiriert wurde, um im Falklandkrieg gegen Argentinien Truppen zu transportieren.

9. November 1989
Nach 28 Jahren der Trennung zwischen Ost und West fiel die Berliner Mauer. Es war der Beginn eines Prozesses, der zum Zusammenbruch der Sowjetunion führte.

1998 Die *Carnival Corporation* kaufte die *Cunard-Line* mit dem Gedanken, einen neuen Superliner zu bauen. Die Bestätigung erfolgte am 6. November 2000 und die Chantiers de l'Atlantique in Saint-Nazaire in Frankreich erhielt den Auftrag, die RMS QUEEN MARY 2 zu bauen.

2008 Am 13. Januar trafen sich das erste und einzige Mal die drei QUEENS im Hafen von New York: die QUEEN MARY 2, die QUEEN ELIZABETH 2 und die zuletzt eintreffende QUEEN VICTORIA – frisch aus der Ficantieri-Werft in Italien. Mit Feuerwerk und Blaskapellen wurde das historische maritime Ereignis gefeiert, als die drei Schiffe um 19 Uhr an der Freiheitsstatue vorbeizogen.

RMS QUEEN MARY 2
Jungfernfahrt: am 12. Januar 2004 von Southampton nach Fort Lauderdale in Florida
Länge: 345 Meter
Breite: 41 Meter
Höhe: 72 Meter, entsprechen 23 Stockwerken
Reisegeschwindigkeit: 26 Knoten
Höchstgeschwindigkeit: 30 Knoten
Passagiere: 2620
Besatzung: 1253
Status: im Dienst

RMS QUEEN VICTORIA
Jungfernfahrt: 11. Dezember 2007
Länge: 294 Meter
Breite: 32 Meter
Reisegeschwindigkeit: 21,7 Knoten
Höchstgeschwindigkeit: 23,7 Knoten
Passagiere: 2014
Besatzung: 900
Status: im Dienst

1986 In diesem Jahr endete das Zeitalter der transatlantischen Dampfschifffahrt. *Cunard* hatte diese Antriebsform als erste Reederei auf Schiffen eingesetzt und es war auch ein *Cunard*-Schiff, die QUEEN ELIZABETH 2, das als letztes Schiff am 20. Oktober 1986 eine Überfahrt mit Dampfturbinen machte. Von November 1986 bis April 1987 wurde der ganze Maschinenraum neu ausgerüstet, und sie kehrte mit Dieselantrieb, dessen Motoren 18 Tonnen Treibstoff pro Stunde verbrauchen, auf See zurück.

1. Januar 2002
Der Euro wurde in zwölf europäischen Ländern zur offiziellen Währung.

2004 Die QUEEN MARY 2 brach zu ihrer Jungfernfahrt Richtung Fort Lauderdale auf. Sie ist das größte, längste, höchste, luxuriöseste Passagierschiff der Geschichte. Ihr Antriebssystem ist revolutionär. Dank ihrer Gasturbinen, die sie mit 157 000 Pferdestärken durch die See schieben, ist sie das ökologischste aller Schiffe.

R.M.S. "MAURETANIA"

Juices: Chilled Pineapple, Blended and Vegetable
Chilled Grapefruit, Supreme

HORS D'ŒUVRE

Smoked Sturgeon	Antipasto	Salade de Bœuf Fume
Variantes	Fresh Salmon Salad	Œufs, Sauce Tartare
Gendarme Herrings	Salade Parmentier	Pickled Lambs' Tongues
Cod Roes, Ravigote	Salade Italienne	Salade Mexicaine
Saucisson: Mortadella, Italian and Hungarian Salami		Radishes
Olives: Green, Farcie, Californian Ripe		Assorted Salted Nuts

SOUPS

Consommé Celestine — Potage Chantilly
Cold: Creme de Celeris

FISH

Broiled Fillet of Haddock, Montpellier
Fried Fillet of Cobh Plaice, Sauce Remoulade
Cold: Prawn Salad, Mayonnaise

FARINACEOUS

Spaghetti, Bolognaise

VEGETARIAN

Potiron farcie, Duxelle, au Gratin

EGGS

Shirred, Miroir — Poached, Bénédict

(to order)

Omelettes: Sweet, Champignons and Paysanne

ENTREES

Braised Turkey Wings, Piemontaise — Pate de Priay, St. Michel
Choucroute Garni, Alsacienne

CONTINENTAL SPECIALITY

POLLO CACCIATORA
Jointed, seasoned Chicken, lightly browned in Butter, cooked with Eschallots, sliced Mushrooms, diced peeled Tomatoes, chopped Chervil, Tarragon and Italian Red Wine. Served with Rizotto Milanaise and Garlic Bread Croutons.

GRILL (to order)

Chopped Tenderloin Steak, Piquante — Lamb Kidneys, Florentine
Jumbo Squab, Crapaudine

JOINT

Corned Round and Brisket of Beef with Dumplings

. LUNC

SUGGEST

Jus d'An

Potage

Filet de Carrelet (C

Hachis de Bœu
Pomm

Salade

Tarte au

Glace a

Dessert

" The Chef invites you
prepare your own favourite
of American, European or
asks that you give the Hea
enable your order to be prep
The Head Waiter will als
and advice on dishes to suit
are on a restricted or special
ments are met.
Speciality foods for inf
service on request."

Die Mittagskarte vom 28. Juli 1960 an Bord der RMS MAURETANIA.

ON .

MENU

pe

y

t, Remoulade

Piquante

w

es

e

Cafe

m an opportunity to
ether it be a speciality
Cuisine. He merely
r sufficient notice to
rfection.
offer you suggestions
onal taste, and if you
see that your require-

available for ready

THURSDAY, JULY 28, 1960

VEGETABLES

Braised Lettuce — Salsify à la Crème — Green Peas
Carrots Vichy — Haricots Verts

POTATOES

Purée — French Fried — Persillées — Baked Idaho

COLD BUFFET

Roast Prime Ribs and Sirloin of Beef, Rasped Horseracish — Fresh Brawn
Roast Lamb, Mint Sauce and Jelly — Rolled Jellied Ox Tongue
Roast Vermont Turkey, Cranberry Jelly — Braised York Ham
Roast Duckling, Apple Sauce — Pressed Brisket of Beef
Galantine of Chicken

SALADS

Mixed Bowl — Hearts of Lettuce — Tomato — Florida
Fresh Fruit — Neva — Avocado Pear — Cole Slaw

DRESSINGS

Russian — Vinaigrette — Swedish — French — Lorenzo — Ritz

SWEETS

Grapenut Custard Pudding — American Apple Pie
Port Wine Jelly — Pot de Creme Moka et Vanille — Peach Chiffon Pie
Compote of Plums, Cherries and Pears—Whipped Cream

GATEAUX

Devil's Food — Dundee Tartlets — Eccles Cakes

ICE CREAM

Vanilla — Chocolate — Biscuit Tortoni — Pineapple — Lemon

CHEESES

Cheddar — Roquefort — Danish Blue — St. Ivel — Philadelphia Cream
Blue Cheshire — Gervaise — Stilton — Caerphilly — Cheshire — Brie
Gorgonzola — Edam — Camembert — Double Gloucester — Gruyere

DESSERT

Apricots — Plums — Pears — Oranges — Barlinka Grapes

Fresh Rolls

Tea or Coffee (Hot or Iced)

Jede Ankunft und jede Abfahrt der QUEEN MARY 2 *im Hafen von New York ist ein bedeutendes Ereignis, das sowohl auf dem Wasser als auch auf den Quais große Beachtung findet.*

Gourmetküche an Bord

Restaurant – ein Wort, das vom Lateinischen »restaurare«, »wiederherstellen«, stammt. Das Restaurant ist demzufolge der Ort, an dem man wieder zu Kräften kommt, wo man sich erholt, indem man Nahrung zu sich nimmt. Diese Definition mag für ein Lexikon taugen, das Wesentliche aber gibt sie nicht wieder. Denn der Akt des Speisens ist ein weitgehend angenehmer und gleichbedeutend mit Genuss.

Gewiss, am Anfang diente Essen nur dem Überleben, aber das Feuer verwandelte in der Geschichte der Menschheit diese schlichte Notwendigkeit in ein mehr oder weniger ausgedehntes Vergnügen.

Apicius, Lukullus, Taillevent, Vatel und viele andere bereiteten ihren Zeitgenossen köstliche Gerichte und trugen sich so in die Geschichtsbücher der kulinarischen Genüsse ein. Dadurch dass sie kochten, brieten, Speisen zubereiteten, Süßspeisen kreierten, Saucen reduzierten, gaben diese Großen der Küche dieser zentralen und universellen Kunst die Weihe des besonders Edlen. Die Idee des Restaurants an sich ist erstaunlich jung, denn sie geht auf das Jahr 1765 zurück, als ein Mann namens Boulanger in Paris, Rue des Poulies (heute: Rue de Louvre), eine Schänke eröffnete. Stolz verkündete das Schild an der Hausfront: »Ihr, deren Magen des Hungers schreit, kommt zu mir, ich will euch laben.«

Die Mahlzeiten gehören zu den Hauptereignissen auf einem Ozeanschiff. Sie sind verantwortlich für die Stimmung der nächsten Tage.

Im Laufe der Jahre kam das Konzept ins Rollen. Die Französische Revolution brachte einen großen Wandel bei den Essgewohnheiten mit sich, was vorherzusehen war, denn die Flucht der Aristokraten ließ unzählige Köche arbeitslos zurück. Gleichzeitig aber strömten die Menschen aus den Provinzen in die Stadt, wo sie keine Familie hatten, die sie hätte verköstigen können. In der Folge wechselten die Köche, die gelernt hatten, gutes Essen zu liefern, ihren Arbeitsplatz und wurden Gastronomen. Dieser gesellschaftliche Wandel brachte es mit sich, dass viele Restaurants in der Hauptstadt eröffnet wurden. Théodore de Banville zählte 1858 nicht weniger als 1400 Speiselokale. Welch ein Erfolg für einen Berufsstand, den es wenige Jahre zuvor noch gar nicht gab. »Gewerbe« wäre die korrekte Bezeichnung, da die Französische Revolution die Zünfte mit ihren Privilegien abgeschafft hatte. Und in der Tat war es ein Privileg, das früher die Eröffnung von Restaurants verhindert hatte, da nur Speiselieferanten (Französisch: Traiteur) zubereitetes Fleisch verkaufen durften.
Das erste Restaurant auf der anderen Seite des Atlantiks wurde etwa um das Jahr 1795 in Boston in den Vereinigten Staaten eröffnet. Es bot einen »Service à la française«, indem man Schüsseln auf den Tisch stellte, aus denen sich die Gäste dann selbst bedienten. Diese Methode hatte den Nachteil, dass die Wirte große Mühe hatten, korrekte Rechnungen für den Einzelnen auszustellen. Dann aber führte 1810 ein russischer Prinz den »Service à la russe« ein, bei dem der Gast das ganze Gericht auf einem Teller serviert bekam. So änderten sich die Sitten und wandelten sich von der traditionellen französischen Art, die zwar großzügig, aber leider unpraktisch war, in einen Service nach russischer Art. Jetzt wurde das auf einem Teller angerichtete Essen direkt an den Tisch gebracht, und wenn das Gericht zu groß für einen Teller war oder wenn es erst in letzter Minute zubereitet werden sollte, geschah dies auf einem Serviertisch neben dem Gast. Mit der Zeit wurden die Küchenchefs zunehmend anspruchsvoller, was die Qualität der Speisen anbelangte, und einige Gerichte mussten in der Tat zügig serviert werden. So erklärt es sich auch, warum der Maître d'hôtel eine zunehmend wichtigere Rolle im Speisesaal bekam; es obliegt ihm bis heute, das Wirken des Chefkochs sorgfältig zu inszenieren. Der Maître d'hôtel kündigt die Speisen an, wenn sie aus der Küche kommen, er schneidet auf, flambiert,

legt vor – kurz: Er ist der Orchesterchef im Saal. Auf diese Weise ergänzen sich die Arbeit in der Küche und die im Speisesaal.
Auch in der Küche änderte sich einiges mit dem Aufkommen raffinierter Techniken und neuer Kochverfahren. Nicht jeder fühlte sich zum Umgang mit Bratpfannen berufen. Manch einer ließ das Essen noch vor sich hin schmurgeln: Das Schmoren wurde modern. Dabei wird das Fleisch zuerst angebraten und dann in einer kräftigen Sauce weitergegart. Erst Carême, der vielleicht erste berühmte Chef, sorgte für dessen Verbreitung. Aber, um den großen Escoffier zu zitieren: »Das Kochen verliert zwar nichts von seinem Charakter als Kunst, muss aber wissenschaftlicher werden und sich Methoden und Formeln unterwerfen, die noch zu oft empirischen Ursprungs sind. Alles muss genau sein, nichts darf dem Zufall überlassen bleiben.« Er hatte recht, denn diese Entwicklung hat bis heute nicht geendet. Und das 19. Jahrhundert gilt als noch nie da gewesenes Goldenes Zeitalter der Gastronomie.
Vom Römer Apicius bis zum Katalanen Ferran Adrià können wir auf eine lange, von unvergesslichen Namen durchzogene Geschichte zurückblicken: Adolphe Dugléré, Alexandre Dumaine, Fernand Point, Paul Bocuse, Michel Guérard, Joël Robuchon, um nur einige zu nennen.
Sie alle hinterließen ihre eigene Note und entwickelten ihr spezielles Können. Die Geschichte der gehobenen Gastronomie hört nicht auf, rasch voranzueilen, mit jedem neuen Tag, Mahlzeit auf Mahlzeit, ganz einfach deswegen, weil wir essen müssen, um neue Energie zu tanken!
Von dem Augenblick an, wo Sie als Passagier an Bord gehen, wird Ihr Tagesrhythmus von den Mahlzeiten bestimmt. Während der Fahrt über den Atlantik können Sie sich ein minutiös durchorganisiertes Programm vornehmen, das aus Sport, Wellness, Unterhaltung, Tanzstunden und Vorträgen besteht. Sie können sich aber ebenso dem Nichtstun hingeben, ohne Handy, weit von jeglichem Berufsstress entfernt, alle Verpflichtungen loslassen. Was auch immer Sie wählen, Sie werden dreimal pro Tag zu Tisch gehen. In der ganzen Geschichte der Seefahrt wurde der Verpflegung an Bord immer besondere Aufmerksamkeit geschenkt. Wenn Sie einen Blick in die Speisekarten der alten Passagierschiffe werfen, werden Sie unschwer bemerken, dass

es an Bord zu allen Zeiten kaum etwas Wichtigeres gab als die Qualität der Küche. Verfeinerung und Opulenz waren stets unabdingbar. Betrachtet man die Angaben genauer, so sieht man Folgendes: Mit dem Aufschwung der Atlantiküberfahrten in der zweiten Hälfte des 19. Jahrhunderts setzte ein wachsender Zuspruch zur gehobenen französischen Küche ein, die schließlich in der ganzen Welt zum Symbol feiner Lebensart wurde.

Damals begann man auch die Rezepte zu verbreiten, und es wurden die feinsten Zubereitungen niedergeschrieben, die durch die zunehmend raffinierteren Techniken möglich geworden waren. Französische Feinschmeckereien anzubieten, war der Gipfel an Luxus – es ist also wenig verwunderlich, dass die großen Passagierschiffe diesem Trend folgten. Nichts war zu fein, nichts zu gut. Die Qualität des an Bord servierten Essens wurde zum zusätzlichen Lockmittel für die anspruchsvolle Kundschaft. Es war unabdingbar, Spitzenküche und Spitzenweine anzubieten. Bis auf den heutigen Tag gelten die gedruckten Menükarten den Passagieren als hochgeschätzte Souvenirs – was besondere Anforderungen an die Qualität der Küche stellt.

Ein besonderes Beispiel dafür ist die TITANIC. Zu einer Zeit, in der es auf den Passagierschiffen weit weniger Abwechslung gab als heute, tat die *White Star Line* ihr Äußerstes, um an Bord ihres Flaggschiffs die besten Speisen servieren zu können, die sich mit denen der feinsten Restaurants und der besten Spitzenköche messen konnten. In der Tat widmete die *White Star Line* auf dem berühmten Schiff der Verpflegung mehr Aufmerksamkeit als allem anderen. Nichts war zu schön oder zu modern für die Küchen der TITANIC. Die Kochherde der ersten Klasse waren 29 Meter lang! Und wegen des zehntausendteiligen Porzellans wandte man sich an einen der damals berühmtesten Porzellanhersteller. In den Küchen selbst waren 62 Personen beschäftigt. Auf den Menüs der TITANIC, wie auf allen Dampfern seit Beginn der Passagierschifffahrt, standen die Gerichte von Adolphe Dugléré, der ab 1866 Chef des Café Anglais war und der die berühmte Potage Germiny entwickelt hat, eine Sauerampfer-Cremesuppe, oder auch die Pommes Anna, nach Anna Deslions benannt, einer berühmten Kurtisane im Zweiten Kaiserreich. Für dieses Rezept werden rohe Kartoffeln in Scheiben geschnitten und mit Butter im Ofen gebacken. Auch der Hummer Thermidor findet sich darauf. Er wurde zum ersten Mal im Januar 1894 serviert, am Premiereabend einer Operette von Victorien Sardou. Namensgeber war die besagte Operette. Der Hummer wird zerlegt, mit Senf bestrichen, pochiert und gratiniert.

Und wie steht es mit dem Hummer à l'américaine? Wurde auch er auf Passagierschiffen serviert? Ein Chefkoch, der gerade aus den USA zurückgekehrt war, kreierte ihn in Frankreich, weil eine Schar Gäste ziemlich spät in sein Restaurant kam und fragte, ob er ihnen noch etwas zubereiten könne. Alles, was er vorrätig hatte, waren lebende Hummer; und die Zeit reichte nicht, um sie im Sud zu kochen. Bekanntlich macht die Not erfinderisch. Also bereitete er eine Sauce mit etwas Butter, Tomaten, Knoblauch, Weißwein und Cognac, zerlegte die Hummer und kochte sie in der Sauce. Das Ergebnis war köstlich, und in Gedenken an seinen kürzlichen Aufenthalt jenseits des Atlantiks nannte er das Gericht Hummer à l'américaine. Das war im Jahre 1860. Einige Jahre zuvor hatte ein Chefkoch namens Langlais im Rocher de Cancale in der Rue Montorgueil, einem Restaurant, das Balzac unzählige Male in seinen Novellen erwähnt, ein Rezept für Seezunge mit Austern, Muscheln, Pilzen, Trüffeln, Sahnesauce und Weißwein perfektioniert. Die Speisen im Rocher waren reichhaltig und die Menükarten lang. Langlais brauchte also einen besonders prägnanten Namen und kam auf Sole normande.

Wir könnten Ihnen unzählige weitere Beispiele anführen, denn, wie Sie bereits bemerkt haben: Die Geschichte der klassischen französischen Küche ist eng verbunden mit der Geschichte der transatlantischen Passagierschifffahrt.

Betriebsames abendliches Treiben im Übergangsbereich zwischen der Küche und dem Restaurant Britannia.

Und heute?

Eine Kreuzfahrt ist heute nicht unbedingt mit Spitzenküche verbunden. Gewiss, man isst gut und viel an zahlreichen themenorientierten Buffets. Aber von gehobener Gastronomie kann dabei nicht die Rede sein.

Anders ist es auf der QUEEN MARY 2. Zum einen ist die QUEEN MARY 2 kein gewöhnliches Kreuzfahrtschiff, sondern ein transatlantisches Passagierschiff. Noch dazu das feinste und größte von allen! Sie ist die Bewahrerin dieser besonderen Lebensart, der gastronomischen Tradition auf den Meeren. Die QUEEN MARY 2 holt den Geschmack der legendären Transatlantikfahrer ins Leben zurück, was dem unermüdlichen Einsatz des Teams von Jean-Marie Zimmermann zu verdanken ist. Wenn man allerdings dieses unglaubliche Schiff zum ersten Mal sieht und gewahr wird, wie riesig es ist, kann leicht die Befürchtung aufkeimen, dass das Essen in einer riesigen Kantine produziert wird, einer gigantischen, seelenlosen Fütterungsmaschine, die kiloweise Nahrung auswirft.

Doch bereits das erste Dinner im Restaurant Britannia belehrt einen eines Besseren. Die QUEEN MARY 2 ist Luxus und Raffinesse in Reinform. In jedem Hafen werden die edelsten Produkte gebunkert. Alle Gerichte für jeden der mehr als 2000 Gäste, die hier täglich speisen, werden auf den Punkt gegart. Der Service der Maîtres d'hôtel, Chefs de Rang, Demi-Chefs de Rang und Kellner ist bestens auf reibungslose Funktion abgestimmt. Und wenn ein solcher Ausdruck auf einem Ozeandampfer angebracht ist: Das ist nur die Spitze des Eisbergs.

Werfen wir einen Blick in die Küche! Durch die Schwingtür betreten wir ein Reich aus gleißendem Licht und Edelstahl. Für jemanden, der mit den üblichen beengten Verhältnissen einer Gourmetküche vertraut ist, ist sie riesig. Es summt und brummt

wie im Bienenkorb. Jeder Mann und jede Frau steht an seinem oder ihrem angewiesenen Platz und trägt das seine oder ihre zum Großen und Ganzen bei. Es gibt etwas viel Größeres als die Summe aller Teile, denn es gibt nur ein Ziel: den Passagieren Genuss zu bereiten.

Der Trubel in den Küchen der QUEEN MARY 2 ist während der Zubereitung der Mahlzeiten unvergleichlich. 150 Personen arbeiten schnell und mit großer Konzentration. Sie bereiten Gerichte vor, kochen, richten an und schicken die Teller zu Tausenden in den Speisesaal hinaus, in dem die große Darbietung stattfindet.

Man nimmt Ihre Bestellungen auf, die dann auf einem Bildschirm erscheinen. Vorspeisen, Hauptgerichte und Desserts werden angegeben, jeder Souschef übernimmt seine ihm oder ihr zugeteilten Aufgaben. Die Bestellungen werden weitergegeben. Die Chefköche machen sich an die Arbeit, tranchieren, braten, binden Saucen. Die Teller gehen hinaus. Alles ganz normal, sagen Sie. Und doch, wenn man siebenhundert Teller mit »Surf and Turf« (ein Rezept, dessen Grundlage Rinderfilet und Langustenschwänze sind) mit – je nach Wunsch des Gastes – unterschiedlichen Garzeiten innerhalb von weniger als dreißig Minuten in den Saal verschwinden sieht, dann ist das mehr als beeindruckend. Der Erfolg liegt im Detail, das ist das Geheimnis der Küchen auf der QUEEN MARY 2. Jean-Marie Zimmermann hat sie in einen Hort der Organisation und Disziplin verwandelt, indem er Techniken einführte, die Tradition und Moderne miteinander verbinden. Zimmermann ist ein großer Bewunderer von Escoffier, von dem er eine kostbare Originalausgabe in seiner Kabine bewahrt. Ihm ist es gelungen, eine erstklassige Spitzenküche in diesem einzigartigen, sehr speziellen Umfeld des größten Luxusliners der Welt entstehen zu lassen. Für Jean-Marie Zimmermann beruht die Qualität der Küche auf der Qualität des Grundprodukts.

Jean-Marie Zimmermann ist absolut davon überzeugt, dass die Verwendung qualitativ hochwertiger Produkte der ausschlaggebende Faktor für gutes Essen ist.

Jedes Verfahren wird exakt angewandt, die Kochzeiten werden auf die Sekunde genau berechnet. Kein Chefkoch ist je ohne zwei wertvolle Helfer: eine Uhr und ein Thermometer.

Alles ist stets unter Kontrolle. Nur so kann man Erfolg haben, und nur so erzielt man vorzüglich angerichtete Teller mit erlesenen Speisen. Alles, was seine Küche verlässt, wird mehrmals überprüft, damit es in absolut perfektem Zustand den Tisch erreicht. Es ist ein millimetergenaues Kochen in einer Küche von 3200 Quadratmeter Fläche. Mit dem Hauptrestaurant Britannia ist der Traum noch lange nicht zu Ende, wenn Sie das Glück haben, in einem der Grills speisen zu können. Der Queens Grill und der Princess Grill sind der Gipfel des Luxus an Bord. Der Gast weiß, dass hier alles möglich ist, obwohl man sich mitten auf dem Ozean befindet. Und das Team des Chefs hat nur ein Bestreben: alle kulinarischen Gelüste zu erfüllen. Kaviar aus dem Iran gibt es überall. Ihn zu servieren, ist ja auch keine Kunst. Es wäre schade, wenn Sie die Fähigkeiten des Chefkochs nicht besser zu nutzen verstünden. Sie würden die Sole à la meunière versäumen, einen Fisch, der eines Königs würdig ist, mit unvergleichlichem Geschick zubereitet, gerade richtig gegart und am Tisch sorgfältig filetiert, alles zu Ihrem Genuss. Vielleicht liebäugeln Sie mit Froschschenkeln, solchen, wie man sie im Restaurant von Bernard Louiseau in Frankreich serviert bekommt, oder Ihnen ist nach der exotisch würzigen Suppe, die Sie auf Ihrer letzten Reise nach Bangkok genossen haben. Vielleicht fehlt Ihnen der Milchreis Ihrer Großmutter, oder Sie würden gern wenigstens einmal im Leben die Pommes soufflées probieren, eine Kreation aus dem Jahre 1837 anlässlich der offiziellen Eröffnung der Eisenbahnlinie zwischen Paris und Saint-Germain-en-Laye. Damals hatte der Zug Verspätung und der Koch Jean-Louis-François Collinet musste seine Kartoffeln wieder aufbraten. So entstanden diese kleinen luftigen Wunder. Verlangen Sie, was Sie wollen, Ihre Wünsche werden erfüllt. Auf der QUEEN MARY 2 ist nichts unmöglich. Jedes Mahl ist etwas ganz Besonderes.

Qualitätserzeugnisse

Fast 16 000 Essen pro Tag anzubieten und dabei nur Produkte erster Güte zu verwenden, ist nicht einfach. Aber Jean-Marie Zimmermann ist fest davon überzeugt, dass die Qualität der verwendeten Produkte der ausschlaggebende Faktor für gutes Essen ist. Wenn also die Waren an Bord kommen, werden sie genauestens überprüft. Auch dies ist weitgehend eine Frage der Organisation. Natürlich lässt sich Jean-Marie Zimmermann keine Gelegenheit entgehen, selbst den Markt zu besuchen, neue Produkte und ungewöhnliche Gewürze zu probieren, vielversprechende Lieferanten zu treffen, aber es ist unmöglich, die QUEEN MARY 2 auf diese Art mit Proviant zu versorgen. Dafür sind mehr als 60 Personen in den Einkaufsabteilungen von *Cunard* zuständig, die immer auf der Suche nach Lieferanten sind, die zuverlässig große Mengen guter Produkte liefern können.

Der Chef arbeitet also fast ausschließlich auf Basis frischer Grundprodukte, natürlich in Spitzenqualität. Lieferanten, die nicht mithalten können, werden sofort gnadenlos

An Bord schlummern die kostbarsten Flaschen, wie dieser sagenhafte Pomerol.

von der Liste gestrichen. Jean-Marie Zimmermann hat es sich in den Kopf gesetzt, für 2600 Menschen gerade so zu kochen, wie für eine achtköpfige Familie. Jeder Teller wird individuell angerichtet und so kann jeder Gast beurteilen, was ihm oder ihr serviert wurde.

Alles muss perfekt sein. So gewinnt der einzelne Passagier an Bord sehr bald den Eindruck, dass Jean-Marie Zimmermann für ihn ganz persönlich kocht. Das macht die Sache nicht einfacher, denn wenn man in ein Feinschmeckerlokal geht und die Speisen genießt, die von Chefs wie Jean George Vongerichten, Heston Blumenthal oder Georges Blanc zubereitet wurden, dann käme niemandem die Idee, Änderungen auf dem Teller zu verlangen. Auf der QUEEN MARY 2 ist es anders. Dort ist Jean-Marie Zimmermann der Chefkoch jedes einzelnen Gastes – und wird somit sehr schnell zu einem Koch, den man um alles bitten kann. Dank seines Könnens fühlt sich der Gast durch und durch wohl an Bord.

Und wie steht es um den Weinkeller?

Eine exzellente Küche verlangt nach ebensolchen Weinen. Der Weinkeller (eine hier nicht ganz zutreffende Bezeichnung) birgt etwa 40 000 Flaschen. Natürlich findet man Pétrus, pro Überfahrt werden meist einige davon verkauft, Romanée-Conti und weitere Opus One. All diese Flaschen lagern fünf Meter unterhalb der Wasserlinie in der Mitte des Schiffs, so werden sie wenig bewegt. Jeder Grand Cru, der an Bord gebracht wird, muss mindestens zwei Monate im Keller bleiben, damit er erst einmal ausgiebig ruhen kann. Den Puristen sei gesagt, dass Weine an Bord sehr gut reifen, sogar besser als an Land. Das, was man Corioliskraft nennt, hat eine wundersame Wirkung auf den Wein, sodass er sich besser entwickelt als im traditionellen Weinkeller.

Bei Tisch lasse man sich von der Kompetenz der Sommeliers der QUEEN MARY 2 leiten. Das Prinzip ist dabei ganz einfach. Der Wein muss zum Essen passen und vor allem dem Gaumen des Gastes schmeicheln. Die meisten Weinliebhaber kennen sich normalerweise in einem Bereich von zwanzig Weinen aus. Wenn Sie der Sommelier also fragt, was Sie trinken wollen, gewinnt er sehr schnell eine Vorstellung von Ihrem Geschmack. Dementsprechend kann er Sie mit einem unerwarteten, vielleicht unpassend erscheinenden Vorschlag überraschen. Das Ergebnis aber wird gewiss erfreulich und eine Neuentdeckung sein. Was die Weine betrifft, so haben angenehme Überraschungen immer eine lang anhaltende Wirkung, und das macht die Erinnerung an eine Mahlzeit unvergesslich. So verwandelt etwa ein Menetou-Salon aus dem Loiretal, ein Faugères aus dem Languedoc oder ein Pinot noir aus Neuseeland Ihr Mahl in ein Freudenfest für Ihren Gaumen.

Eine Hommage an das Team und sein Können

Wenn Crêpes Suzette auf der Speisekarte stehen, weiß dies das ganze Schiff. Es ist die große Sensation. Zwar behaupten viele, diesen Nachtisch erfunden zu haben, aber es war ein Franzose, Henri Charpentier, der ihn kreierte. Er arbeitete damals im Café de Paris in Monaco, in dem die berühmtesten Persönlichkeiten seiner Zeit ein- und

ausgingen. Als er für den Prinzen von Wales, dem zukünftigen König Edward VII., Crêpes zubereitete, schlug der Alkohol Flammen, mit dem Charpentier die Crêpes begoss. Ungerührt machte Charpentier weiter und streute Zucker darüber, der dabei karamellisierte.
Dem Prinzen mundeten die Crêpes, weshalb Charpentier vorschlug, sie ihm zu widmen und sie Crêpes Princesse zu nennen. Doch, galant wie der Prinz war, bat er darum, sie mögen den Vornamen der jungen Dame tragen, die ihn begleitete: Suzette. Ob diese Geschichte nun stimmt oder nicht, an Bord ist dieses erst am Tisch zubereitete Dessert ein echter Erfolg. Der Grund dafür ist immer der gleiche: Gerichte, die stilvoll zubereitet werden müssen, findet man kaum noch in den klassischen Restaurants. Sei es, weil nicht mehr genug Personal im Saal arbeitet oder weil der Chef dieses banale Rezept, in dem er sein Können nicht ins rechte Licht setzen kann, nicht mag. Auf der QUEEN MARY 2 beweist dieses Dessert das Ineinandergreifen von Küche und Speisesaal. Denn es ist dem Zusammenspiel der Teams zu verdanken, dass aus den besonderen Gelegenheiten, wie es die Mahlzeiten an Bord des schönsten Ozeanliners der Welt ja sind, ein absoluter Erfolg wird.

Die Küche in Zahlen

Jahr für Jahr verbrauchen die Gäste auf der QUEEN MARY 2

1 350 000 Teebeutel / 24 Tonnen Kaffee / 420 000 Packungen Frühstückszerealien
1 730 000 Eier / 1,5 Millionen Liter Fruchtsaft / 112 Tonnen Kartoffeln

Für eine Sechstagefahrt über den Atlantik

12 Tonnen Fleisch / 8 Tonnen Geflügel / 1400 Kilo Lachs / 15 Tonnen Salat
11 Tonnen Obst / 1800 Kilo Käse / 36 000 Eier / 1900 Kilo Zucker
20 Kilo Kaviar / 800 Kilo Langusten ...
Das sind insgesamt 129 Tonnen Lebensmittel und 21 000 Liter Getränke.

Pro Tag

werden 16 000 Mahlzeiten serviert, 87 000 Stück Porzellangeschirr und Gläser verwendet, mehr als 8000 Servietten benutzt und gewaschen und 6000 Tassen Tee getrunken.

Über 2000 Gedecke

Das Britannia 1350 Plätze / der Princess Grill 178 Plätze / der Queens Grill 200 Plätze.
Und ohne sie einzeln aufzuzählen: Mit dem La Piazza, The Carvery, Lotus, Chef's Gallery, Golden Lion, Boardwalk Cafe, Terrace Pool and Bar kommen noch einmal 705 Plätze dazu.

Personal

In Schichten rund um die Uhr arbeiten 150 Köche, aber auch 85 Tellerwäscher.
Das Küchenteam arbeitet auf 3200 Quadratmeter Fläche.
Es gibt mehr als 150 Kellner für die verschiedenen Speisesäle.
13 Personen bringen ihre gesamte Zeit damit zu, die Inhalte der Lagerräume und der 21 Kühlschränke sowie die Proviantlieferungen an Bord zu verwalten.

Der Maître d'hôtel gibt seine Anweisungen, denn jeder muss mit dem Menü vertraut sein und es den Passagieren erläutern können. Es ist ein täglich stattfindendes Ritual, das wichtig ist für die gute Bedienung der Gäste.

Chef Zimmerma

Jean-Marie Zimmermann
Porträt eines Spitzenkochs

Französisches Können im Dienst der internationalen Küche

Jean-Marie Zimmermann wurde in Straßburg, im Herzen des Elsass, geboren. Einer Region, in der Land und Gastronomie aufs Innigste verbunden sind. Er wuchs in einer großen Familie auf, vor allem aber unter den Fittichen seiner Großmutter, einer ausgezeichneten Köchin, die ihm die ersten Grundlagen der traditionellen häuslichen Küche beibrachte. Die ihn Strenge und Disziplin lehrte, die ihm zeigte, wie gut die einfachen Dinge schmecken.

Danach absolvierte Jean-Marie in mehreren Straßburger Restaurants eine Lehre als Koch, bevor es ihn einige Jahre später in den Süden Frankreichs zog. Cannes, Juan-les-Pins und Monte Carlo waren seine letzten Stationen in Frankreich, wo er seine Kenntnisse ebenso vervollständigte wie sein Können, indem er seine eigene Handschrift entwickelte, die noch näher am Ursprung ist und noch feiner. Während dieser Zeit erhielt er auch einige gastronomische Auszeichnungen. Nach einem kurzen Aufenthalt in Deutschland ging er nach Großbritannien, wo er zuerst als Executive Chef im Royal Garden Hotel in Kensington arbeitete, dann im Britannia International Hotel am Grosvenor Square. Er war der jüngste Executive Chef in Afrika und Europa, der den »Sheraton Hotel Award« für seine ausgezeichnete Kochkunst erhielt.

1987 war er Präsident der unter der Leitung von Paul Bocuse stehenden Vereinigung europäischer Spitzenköche Eurotoques und beschloss, ein eigenes Restaurant zu eröffnen: das Warrener in der Grafschaft Berkshire. Ein gelungenes Wagnis, denn es wurde mit einem Stern im *Guide Michelin* belohnt und einem im *Egon Ronay*. Gleichzeitig aber behielt Jean-Marie die Entwicklung seiner Zunft auf internationalem Gebiet im Auge, umso mehr als er in Kontakt mit einem anderen großen Spitzenkoch stand: Michel Roux, der drei Sterne im *Guide Michelin* besaß und ebenfalls ein Restaurant in Berkshire. Roux war Berater einer großen amerikanischen Kreuzfahrtgesellschaft und Initiator der vor Kurzem von Jean-Marie Zimmermann eingeschlagenen internationalen Laufbahn zu See.

Die Parade der Chefköche. Bei jeder Überfahrt bedanken sie sich bei der Kochmannschaft.

Im Jahre 2003 stellte *Cunard* Jean-Marie als Verantwortlichen für die gesamte Gastronomie an Bord der QUEEN MARY 2 ein. »Prinz« nennt ihn seine Mannschaft, und gemeinsam mit ihr vollbringt er Tag für Tag kulinarische und technische Meisterleistungen. Jean-Marie Zimmermann, der zum »Global Culinary Ambassador« ernannt wurde, ist inzwischen für die Küchen aller Luxusliner der *Cunard-Line* zuständig (QUEEN MARY 2, QUEEN VICTORIA, QUEEN ELIZABETH 2). Deshalb ist er es, der die Kriterien festlegt, wie eine anspruchsvolle, internationale und kenntnisreiche Klientel zufriedenzustellen ist. Diese Klientel sind Passagiere, die man jeden Tag aufs Neue mit originellen Menüs überraschen muss und mit »World Food« auf hohem

Niveau – eine Riesenherausforderung, denn manche Gäste bleiben auf einer Reise um die Welt neunzig Tage an Bord.

Darüber hinaus muss man, wenn man für eine so renommierte Gesellschaft wie *Cunard* arbeitet, Buffets kreieren können, beispielsweise für fantastische, epochale Empfänge, wie den Stapellauf eines neuen Schiffs. Bei diesen protokollarischen Anlässen sind zahlreiche Mitglieder der Königshäuser, Politiker und Künstler an Bord der QUEEN MARY 2 bereits in den Genuss der Kochkunst Jean-Marie Zimmermanns im ultraluxuriösen Rahmen der Restaurants gekommen.

Jean-Marie Zimmermann ist verheiratet und hat zwei erwachsene Kinder. Beide sind ebenfalls erfolgreich in ihren Karrieren, im Rugby und in der Kunst. Weder Jean-Marie noch seine Frau haben je die Verbindung zu Frankreich verloren. Inzwischen wohnen sie an der Atlantikküste in der Nähe von Bordeaux, sodass sich Jean-Marie nie weit vom Ozean entfernt.

Interview

Jean-Marie Zimmermann wurde in Straßburg geboren, im Elsass, einer der Regionen Frankreichs, wo man größten Wert auf gutes Essen legt. Dort lebte er bis zu seinem 17. Lebensjahr und wuchs in einer Tradition der Wertschätzung guter Produkte auf. Im Elsass erlernte er auch sein Handwerk als Koch. Und diese Zeit ist bis heute ein wichtiger Bezugspunkt in seinem Leben.

**Sie wurden von Ihren Großeltern erzogen.
Welchen Einfluss hat das darauf, wie Sie an das Kochen herangehen?**
Ich wuchs von klein auf bei meiner Großmutter auf. Sie war eine außergewöhnliche Persönlichkeit. Und sie liebte ihre Kinder und Enkel sehr. Für mich war sie wie eine Mutter. Immer wollte sie ihrer Familie etwas Gutes tun, und sie zeigte es dadurch, wie sie kochte. Bereits morgens um fünf Uhr war sie auf den Beinen und am Herd beschäftigt. An einem gewöhnlichen Sonntag beispielsweise wachten wir so um halb neun Uhr auf, und schon da durchzog das ganze Haus ein Wohlgeruch aus der Küche. Das Kaninchen war frisch aufgesetzt und begann zu köcheln, der Gugelhupf buk in der Seite des offenen Kamins. Und als wir nach unten kamen, sahen wir, dass sie unsere alten Leintücher auf dem Sofa ausgebreitet und die Nudeln zum Trocknen darauf verteilt hatte, die es später zum Kaninchen geben würde. Nach zehn Uhr, das Frühstück war kaum vorbei, durften wir von all den Kleinigkeiten kosten, die sie zubereitete. Am liebsten mochte ich damals Kaninchennieren mit Knoblauch und Petersilie.

Wir führten ein herrliches Leben. Bei den Mahlzeiten waren wir mindestens zwölf am Tisch, und der anspruchsvollste Esser war mein Großvater. Auch er war ein erstaunlicher und intelligenter Mann. Obwohl er mathematisch sehr begabt war, arbeitete er als Elektriker. Er stellte an uns ebenso hohe Ansprüche wie an sich selbst und wollte, dass seine Familie Bestleistungen vollbringt. Er war ein gefürchteter Feinschmecker und sehr kritisch. Weswegen meine Großmutter bei den Mahlzeiten ziemlich unter Druck stand. Wenn er probierte, konnte es beispielsweise sein, dass er die Qualität des Fleisches bemängelte, weil es nicht bei seinem Lieblingsfleischer gekauft war. Er konnte sehr aufbrausend sein, wenn die Sauce – seiner Meinung nach – weniger gelungen war als sonst. Meine Großmutter vertrug seine Kritik nicht gut, und manchmal brach sie bei Tisch in Tränen aus.

Trotz dieser Behandlung ließ sie in ihrem Bestreben nach Perfektion nicht nach, nicht einmal bei solchen Ungerechtigkeiten?
Sie hatte ein außergewöhnlich großes Herz. Lassen Sie mich noch ein Beispiel ihrer Opferbereitschaft erzählen. Manchmal trug sie das Essen auf und ging dann hinaus, mit der Behauptung, sie habe keinen Hunger. Dabei hatte sie einfach die Befürchtung, dass nicht genug für alle da sein könnte. Sie war wirklich eine außergewöhnliche Frau, mit großer Leidenschaft für das Kochen, und sie fehlt mir sehr. Ich weiß, dass ich es ihr zu verdanken habe, dass ich heute Koch bin.

Was haben Sie als Kind am liebsten gegessen?
Meine Großmutter verarbeitete Produkte von guter Qualität, aber sie bereitete einfache regionale und traditionelle Speisen. Am Sonntag gab es manchmal Baeckeoffe. Diesen Eintopf aus verschiedenen Fleischsorten, den sie mit Rind, Schwein und Lamm bereitete, liebte ich. Und sie machte Spätzle. Sie kochte Kalbsbries, Froschschenkel und Sauerkraut. Sie bereitete auch viele Terrinen und Pasteten zu. Und immer hatte sie einen kleinen Kniff, eine besondere Würze, die ihren Gerichten eine persönliche und einzigartige Note gab.

Ihnen hat sie das Einkaufen anvertraut. Dabei haben Sie etwas gelernt, sowohl über die Produkte als auch über das Kochen. Denn es mussten sehr gute Produkte sein, weil nur das Beste Ihren Großvater zufriedenstellen würde.
Ich musste jeden Morgen einkaufen, bevor ich in die Schule ging. Ich ging gegen halb sieben los und klapperte mit meiner Einkaufsliste alle Geschäfte ab. Die Kaufleute kannten mich und boten mir nur die besten Waren an – sodass ich nur die besten Nahrungsmittel heimbrachte. Weiß der Himmel, ich beklagte mich über die Einkauferei, aber letztlich war es ein Segen für mich.

Entstand in dieser Zeit Ihr Wunsch, Koch zu werden?
Ja, und ich wollte der beste werden. Ich war ehrgeizig. Ich wollte etwas tun, das andere nicht fertigbrachten. Als ich 14 war, fand meine Großmutter ein Restaurant, in dem ich meine Lehre machen konnte, das Gourmet de l'Orangerie. Der Besitzer war bekannt für seine Wutausbrüche und beschimpfte die Lehrlinge oft. Das war hart zu ertragen. Ich arbeitete jeden Tag, außer dienstags. An diesen Tagen arbeitete ich gut und gern täglich 12 bis 13 Stunden. Ich wusste, dass meine Freunde mehr Freizeit hatten als ich, aber ich wollte lieber arbeiten und mein Handwerk erlernen.

Kindheitserinnerung von Jean-Marie: Froschschenkel, wie sie seine Großmutter zubereitete.

Haben Sie jemals daran gezweifelt, Koch werden zu wollen?
Ja natürlich, das kam vor. Insbesondere in meinem zweiten Lehrjahr, als ich 16 war, denn der Druck war groß. Der Meister trieb uns immer härter an. Außer ihm waren es nur wir zwei Lehrlinge am Herd, die die 120 Gedecke bereiteten. Manchmal musste ich mich um fünf oder sechs Bestellungen zur selben Zeit kümmern, das war wirklich Stress. Aber gleichzeitig war es fantastisch, denn dadurch lernte ich, gut und schnell zu arbeiten, und außerdem war ich noch sehr jung. Es kam mir sehr zugute, dass ich für meine Großmutter eingekauft hatte. Ich wusste viel mehr über all die Zutaten als sonst jemand in meinem Alter. Mein Chef bemerkte das. Ich glaube auch, dass ich eine Art von Begabung über meine Begeisterung hinaus habe. Ich wusste immer genau, wann ein Gericht auf den Punkt gegart ist.

Meinen Sie damit den Kochinstinkt?
Kochinstinkt ist für mich, wenn man sich etwas vorstellen kann. Wenn man, bevor man anfängt, weiß, was man will. Wenn man bereits zu Beginn des Kochens das fertige Gericht vor Augen hat. Inzwischen bin ich besonders in der Nacht kreativ, wenn ich träume. Ich mache kulinarische Reisen. Wenn ich ein Gericht kreiere, weiß ich, wo ich hin will. Natürlich koste ich das fertige Ergebnis, aber ich irre mich selten. Derzeit ist mein Ziel, Gerichte zu kreieren, mit denen die meisten Gäste zufrieden sind. Wenn Sie auf einem Schiff wie der QUEEN MARY 2 arbeiten, müssen Sie sicher sein, dass 99 Prozent der Gäste das Essen gut finden. Das ist eine der größten Herausforderungen.

Greifen Sie noch immer auf Ihre Erfahrungen aus der Zeit Ihrer Kindheit und Jugend zurück?
Jeden Tag. Ich liebe Blätterteig, ich mag immer noch Sahnesaucen, auch wenn ich auf den Kaloriengehalt der Speisen achte. Die prägenden Jahre meiner Kindheit haben aus mir gemacht, was ich bin und worauf ich auch heute noch weiter aufbaue.

Wie haben Sie sich Ihre Zukunft vorgestellt, als Sie 15 waren?
Ich träumte davon, Spitzenkoch zu sein, und ich stellte mir in jenen Tagen vor, in Amerika zu arbeiten. Für den kleinen Elsässer von damals schien das ein großes Abenteuer. Spitzenkoch sein, und dass die Leute bei meiner Rückkehr in die Heimat auf mich blicken und sagen würden: »Das ist Jean-Marie Zimmermann, das ist der elsässische Chef, der es in Amerika geschafft hat!«

So haben Sie mit 17 beschlossen, das Elsass und Ihre Familie zu verlassen und den Weg in die Fremde zu wagen ...
Am Anfang noch nicht sehr weit. Ich ging nach Süden an die Riviera, an das Majestic in Cannes. Das war 1971, und ich blieb drei Monate als Commis de Cuisine dort. Obgleich mich das Prestige vom Majestic beeindruckte, empfand ich es als einen Rückschritt in meiner Laufbahn. Ich hatte dort absolut keine freie Hand. Also zog ich einige Kilometer weiter die Küste hinab zum Eden Beach Kasino in Juan-les-Pins. Dort gab es am Abend immer eine gehobene Küche, und zum Lunch arbeitete ich in dem Restaurant am Strand. Ich kochte viel Fisch, Meerbrassen, Seebarsche und Bouillabaisse, aber auch Kapaun. Im Winter ging ich nach Argentière, als einer in einem kleinen Team von vier Köchen. Es war großartig dort, aber wieder fand ich, dass man mir nicht genug freie Hand ließ.

Sie feierten Ihren 18. Geburtstag in Argentière und da bekamen Sie eine überraschende Nachricht, die Ihr Leben veränderte!
Ja, meine Großmutter rief mich wegen eines Briefes an, den ich wegen einer Stelle in einem InterContinental-Hotel nach Deutschland geschickt hatte. Man lud mich zu einem Vorstellungsgespräch ein. Ich fuhr hin und bekam die Zusage für die Stelle im InterContinental in Frankfurt. Keine zwei Sekunden habe ich überlegt und war in Blitzeseile dort.

Das war der Start in ein Abenteuer in einem großen Betrieb und der erste Schritt zu Ihrer Auslandskarriere.
Es war ein Hotel mit 1500 Betten. Noch nie hatte ich eine so große Mannschaft gesehen. Dort gab es 60 Köche. Ich wurde als Commis Entremetier eingestellt. Mein Bereich waren Gemüse, Nudeln und Suppen. Dort begann ich, ein Gefühl für die benötigten Mengen zu entwickeln – und für die dafür nötige Organisation. Nur ein Beispiel: Wir kochten fast 1000 Liter Suppe pro Tag.

Ich träumte davon, ein Spitzenkoch zu sein, und stellte mir vor, in Amerika zu arbeiten. Für den kleinen Elsässer, der ich war, erschien das ein großes Abenteuer zu sein.

In Frankfurt trafen Sie eine Person, die eine wichtige Rolle in Ihrem Leben spielen sollte.
Ja, ich lernte Andy kennen, einen englischen Konditor, der kein Deutsch konnte, aber fließend französisch sprach. Der Funke sprang sofort über, und er versuchte, mich zu überreden, mit ihm zu kommen, wenn er nach England zurückginge. Ich fühlte mich noch nicht bereit dazu, insbesondere weil ich kein Englisch konnte. So blieb ich in Frankfurt, als er nach London heimfuhr. Aber er hinterließ mir seine Adresse für den Fall, dass ich meine Meinung ändern würde. Zwei Monate später entschloss ich mich, den Sprung über den Ärmelkanal zu wagen.

Sie waren gerade mal 19 und ließen alles stehen und liegen, um nach London zu gehen, wo Sie nur Andy kannten!
Ich konnte kein Wort Englisch, und als ich in der Victoria Station aus dem Zug stieg, stellte ich fest, dass ich die Adresse meines Freundes verloren hatte. Mein Englandabenteuer schien einen schlechten Start zu haben. Aber es hätte schlimmer kommen müssen, um mir den Mut zu rauben. Mit dem wenigen Geld, das ich hatte, nahm ich ein Taxi und ließ mich zum InterContinental bringen. Ich hatte ja für diese Hotelkette gearbeitet und ich dachte, da könnte es Arbeit für mich geben. Der erste Mensch, den ich antraf, war der Chef, der gerade im Begriff war zu gehen. Ein Glücksfall, denn er war Deutscher. Ich erklärte ihm, wer ich sei, woher ich komme und dass ich Arbeit in London suche. Leider hatte er keine für mich, aber er schickte mich zum Hilton, wo sie mich dann als Commis einstellten.

Und Sie haben Andy nie aufgetrieben?

Drei Monate später schlenderte ich an meinem freien Tag die Kensington High Street entlang, als jemand meinen Namen rief. Es war Andy. Wir umarmten einander, und ich erzählte ihm, dass ich im Hilton arbeitete. Er sagte mir, ich solle zu ihm in das Skyline kommen, wo er Chefkonditor war. Natürlich habe ich sofort gekündigt, und der neue Chef setzte mich in der Konditoreiabteilung ein. Die Unterkunft war allerdings ein Problem. Doch Andy bot mir an, bei ihm zu wohnen. Er teilte sich sein 15 Quadratmeter großes Zimmer mit seiner Freundin. Ich schlief auf dem Fußboden. Nach einer Woche war mir klar, dass es so nicht weitergehen konnte. Ich log Andy vor, dass ich eine Wohnung gefunden hatte und zog aus. Fünf Nächte lang schlief ich im Kensington Park. Ich trieb mich in Kneipen herum, bis sie zumachten, und ich kam so früh wie möglich zur Arbeit. Es war mir sicher schon mal besser gegangen, aber ich war entschlossen, nicht aufzugeben.

Und in der Konditoreiabteilung trafen Sie eine weitere Person, die eine entscheidende Rolle in Ihrem Leben spielen sollte.

Eines Tages kam jemand von der Hotelbelegschaft in die Küche und bestellte für einige Gäste einen Geburtstagskuchen. Ich fertigte einen Kuchen mit blauer Glasur an. Dumm nur, dass er für ein kleines Mädchen sein sollte, und deshalb rosa sein musste. Um mir das zu sagen, kam dieselbe junge Frau zurück. Und so sah ich meine jetzige Frau zum zweiten Mal.

Diese Stelle war also ein echter Glücksfall für Sie?
Ja, dort lernte ich meine Frau kennen, und auch mein bester Freund arbeitete da. Das war wunderbar. Nur war ich eigentlich kein Konditor. Aber Andy erklärte unserem Chef Saucier, einem Japaner, die Lage. Der übernahm mich, und ich wurde sein Commis Saucier. Wir hatten ein gutes Vertrauensverhältnis. Er brachte mir sehr viel bei, aber auch ich konnte ihm, dank meiner klassischen französischen Ausbildung, einiges vermitteln.

Dann hat Sie der Wehrdienst eingeholt, sodass Sie gehen mussten?
Ja, ich musste meine Stelle verlassen, auch Suzanne, und nach Deutschland einrücken. Ich hatte Glück und wurde für die Verpflegung der ganzen Kaserne eingesetzt. Mit zwölf Köchen hatte ich täglich 1000 Personen zu verköstigen. Das lief so gut, dass mich der Kommandant zur Verpflichtung überreden wollte. Aber nach einem Jahr Militärdienst ging ich in das Vereinigte Königreich zurück.

Und wieder in das Skyline, nun aber als Chef Saucier.
Ich sorgte für vier oder fünf Bankette pro Tag und auch für das Gourmet-Restaurant. Ich arbeitete mit vollem Einsatz, meine Leidenschaft gab mir unglaubliche Energie. Der Chef de Cuisine wurde auf mich aufmerksam und fragte mich, ob ich ihm folgen wolle, wenn er sein Hotel eröffnete. Ich war 21, als er mir die Leitung der dortigen Küchen anvertraute.

Einige Monate später bekam ich den Anruf eines Freundes, der im Sheraton in Knightsbridge Chef war. Er suchte für drei Tage einen Chef Saucier. Damals ging es mir hauptsächlich darum, zu lernen und mich zu perfektionieren. Deshalb wollte ich nicht lange auf derselben Stelle bleiben. Natürlich nahm ich das Angebot an.

Wieder ein Spiel mit dem Glück, aber ein außerordentlicher Treffer für Sie!
Ich war gerade mal 48 Stunden dort, als mein Chef einen Anruf vom Geschäftsführer eines anderen Sheraton-Hotels in London bekam. Sie suchten einen Chef de Cuisine. Er schickte mich zu dem Vorstellungsgespräch. Es lief gut, und plötzlich war ich Vorgesetzter einer Schar von 37 Köchen in einem Hotel mit 450 Zimmern. Ich muss zugeben, dass mir ziemlich bange war, als ich den Vertrag unterschrieb. Ich wagte nicht zuzugeben, dass ich erst 21 war, so schwindelte ich und behauptete, 29 zu sein. In meiner Probezeit machte ich sowohl auf die Mannschaft als auch auf das Management einen guten Eindruck. Man gab mir eine volle Stelle mit einem guten Gehalt. Gewiss, ich hatte weniger mit dem Kochen zu tun als mit der Organisation. Ich akzeptierte das, aber es war wirklich hart. Der Druck war enorm, und es war eine weitere Lehre im Eiltempo – extrem stressig. Diese wirklich schwierige Erfahrung dauerte fünf Jahre.

Als Sie 27 waren, sagten Sie zu, das Catering für ein riesiges Konferenzzentrum in Windsor aufzubauen und zu leiten. Aber die Sheraton-Kette überredete Sie bald, zurückzukommen und für sie zu arbeiten. So leiteten Sie zwei Jahre lang die Küchen von zwei Londoner Hotels und das Hauptbüro der Gesellschaft. Dann, mit 30 Jahren, krempelten Sie Ihr Leben vollkommen um.
Das war 1986, und ich beschloss, mit meiner Frau Suzanne mein eigenes Geschäft zu starten. Wir eröffneten ein Restaurant mit knapp 45 Plätzen. Das Gebäude bestand aus zwei Hütten aus dem Jahre 1835 und zwei Hektar Land in einem kleinen Dorf in Berkshire. Wir verliebten uns in den Ort und eröffneten das Restaurant in weniger als einer Woche. Nach nur wenigen Mahlzeiten musste ich den Speiseplan völlig neu schreiben, den ich mir ausgedacht hatte, weil er den Gästen, die in unser Restaurant kamen, nicht recht gefiel. Ich musste von der einfachen ländlichen Küche zur Haute Cuisine wechseln. In weniger als einem Jahr wuchs unser Erfolg. Wir hatten 13 Kellner und den Spitzensommelier Frankreichs, den ich vom Le Crocodile in Straßburg abgeworben hatte, und, einschließlich meiner Person, sechs Köche. Während der nächsten sechs Jahre steckte ich viel Arbeit in die Ausarbeitung von Gerichten, in besondere Techniken und in Neuschöpfungen. Ich brachte meine ganze Zeit in der Küche zu, während sich Suzanne um den täglichen Restaurantbetrieb kümmerte. Das war die Kombination, die aus unserem Warrener einen Erfolg machte.

Damals haben Sie Michel Roux, einen Ihrer Nachbarn, kennengelernt. Ist er einer der Spitzenköche, der Sie am stärksten beeinflusst hat?
Ich habe oft bei ihm gegessen und mochte seinen Stil. Er war der Erste im Vereinigten Königreich, der auf die besondere Präsentation der Speisen auf dem Teller Wert legte. Was er in seinem Restaurant angeboten hat, hat mich stark beeinflusst. So haben wir uns kennengelernt und sind Freunde geworden.

1991 kam es zu einem folgenschweren Ereignis – der Golfkrieg brach aus. Sie und Ihre Frau Suzanne beschlossen, das Restaurant zu verkaufen.
Bei unserem Lebenstempo litten wir darunter, dass wir gar nicht mitbekamen, wie unsere Kinder heranwuchsen. Außerdem geriet das Land durch den Krieg in eine Rezession. Unser Lokal war nie mehr als halb voll, und ich wollte wirklich nicht unter solchen Bedingungen arbeiten. Wir hatten die Gelegenheit, das Haus an jemanden zu verkaufen, der es als Wohnhaus nutzen wollte. Es war ein Rückschlag, dass es nicht als Restaurant weitergeführt wurde. Wir beschlossen, nach Frankreich umzuziehen, nach Charente-Maritime, wo wir ein Haus kauften.

Nun waren Sie zwar wieder zurück in Frankreich, aber da Jean-Marie Zimmermann nie das Gleiche tut wie andere Leute, zog er, kaum niedergelassen, zur Arbeit davon ... nach England!
Ja, zunächst zum Mayfair International, als Küchenchef. Nach einem Jahr bot man mir einen Traumjob im Royal Garden Hotel an, auf den sich 130 Leute beworben hatten. Ich übernahm die Stelle von David Nicholas, der ins Ritz gegangen war. Das Royal Garden bot täglich 17 Bankette an, und ich musste auch noch das Royal Roof managen, das Feinschmecker-Restaurant des Hotels.

Dies war eine unglaubliche Gelegenheit, aber Ihre Pläne wurden zunichte gemacht, als Sie erfuhren, dass das Hotel geschlossen würde. Traurig, aber auf Sie wartete ein neues Abenteuer.
Ich ging zu Michel Roux und bat ihn um Rat. Er schlug mir sofort vor, Küchen auf Schiffen der *Celebrity Line* zu übernehmen, für die er als Consultant wirkte. So begann ich als Chefkoch für die *Celebrity Cruises* zu arbeiten. Auf den Schiffen folgte ich Roux' Kochrichtlinien bis ins kleinste Detail. Nach ein paar Jahren wurde ich von zahlreichen Reisevermittlern im Kreuzfahrtgeschäft zum »Besten Koch auf einem Schiff« ernannt. Dann erzählte mir einer von ihnen, dass *Cunard* dabei sei, die QUEEN MARY 2 in Betrieb zu nehmen, und dass sie natürlich einen Chefkoch suchten. Ich ging zu einem Vorstellungsgespräch. Nach drei Tagen bekam ich einen Anruf, und ich wurde gefragt, ob ich den Job wolle. Ich überlegte nur den Bruchteil einer Sekunde ... es war der Beginn meines Abenteuers auf der QUEEN MARY 2.

Sie fanden sich also im Jahre 2003 als Chef einer vollkommen leeren Küche wieder, ohne Team und auf einem Schiff, das damals nur die Baunummer G 32 trug.
So war es. Es gab noch nichts. Aber ich betrat ja kein Neuland. Dadurch, dass ich schon zwei Schiffe für die *Celebrity Cruises* und eines für die *Festival Croisières* eingerichtet hatte, verfügte ich bereits über eine gewisse Erfahrung. Wirklich aufregend war, dass es sich dabei um ein Schiff handelte, das dazu bestimmt war, zum Mythos der Passagierschifffahrt zu werden.

Wichtiges Manöver: die Ankunft des Hafenlotsen an Bord der QUEEN MARY 2.

Hat *Cunard* Ihnen Vorgaben für die Eröffnung gemacht?
Hatten Sie genaue Anweisungen?
Die Reederei hatte die Konzepte für die einzelnen Restaurants festgelegt, aber ich hatte freie Hand bei der Ausarbeitung der jeweiligen Menüs.
Zuerst aber musste ich mich mit der *Cunard*-Philosophie vertraut machen, denn *Cunard* hat eigene kulinarische Traditionen. Dinge werden auf besondere Art getan. Auch die Kunden, die diese Schiffe buchen, haben ihre Eigenheiten. Es war also absolut notwendig, mich darin einzuarbeiten, bevor ich mich an das Erstellen der Menüs machen konnte.

Wie stellt man eine Mannschaft für die Küchen eines Schiffs wie der QUEEN MARY 2 zusammen?
Ich habe mich in Miami in ein Büro eingeschlossen und viel recherchiert. Danach bin ich an Bord der QUEEN ELIZABETH 2 gegangen, um zu sehen, wie die Küchen funktionieren, habe mit den Gästen gesprochen und mich mit den vielen Personen getroffen,

die ich auf die QUEEN MARY 2 mitnehmen wollte. Es war unabdingbar, mit ihnen zu arbeiten, denn sie hatten die Erfahrung, wussten um die *Cunard*-Philosophie, die ich damals noch nicht kannte. Das Gleiche galt für die Menüs. Ich verbrachte einen weiteren Monat in Miami und erarbeitete die Rezepte für die QUEEN MARY 2. Dann, an Bord der QUEEN ELIZABETH 2, habe ich jedes davon ausprobiert, mit Blick darauf, ob sie machbar seien, vor allem von Mannschaften, die mich nicht kannten. Alles musste leicht verständlich sein, denn wir würden, von dem Zeitpunkt an, wo die Küchen fertig sein würden bis zur Jungfernfahrt sehr wenig Zeit haben.
Zudem musste ich wissen, welche Mengen auf der QUEEN MARY 2 gebraucht würden. Und natürlich musste das gesamte Küchenwerkzeug eingekauft werden ... Kochgeschirr, Pfannen, Schneebesen ... Es mussten Lieferanten gefunden und die Lieferungen organisiert werden. Vier Monate vor der Jungfernfahrt des Schiffs habe ich mich ausschließlich damit beschäftigt.

Als Sie das Schiff zum ersten Mal betreten haben, wie war das?
Ich war beeindruckt. Es war absolut riesig. Ehrlicherweise muss ich sagen, dass ich, als ich die Küche zum ersten Mal gesehen habe, dachte, dass es nicht funktionieren wird. Zugegeben, mir war ein wenig bange. Aber die Tatsache, dass ich bereits auf Schiffen gearbeitet hatte, half mir dabei, den Mut nicht zu verlieren.

Und es war auch nicht der einfachste Anfang!
Es war sogar der schwierigste, den ich je hatte. Es gab die Anweisung, mit der Tradition zu brechen. Aus der QUEEN MARY 2 sollte das Passagierschiff des 20. Jahrhunderts schlechthin werden, auch im gastronomischen Bereich. Es ist eine wirklich komplexe Aufgabe, ganz besondere Speisen auf hohem Niveau auszuarbeiten und sie absolut identisch und perfekt zu servieren, vor allem dann, wenn die Kochteams nicht mit den westlichen Kochtraditionen vertraut sind. Der Wunsch, sehr im Trend liegende Speisen zu servieren, konnte nicht realisiert werden. Das bedeutete, dass ich gezwungen war, zwei Drittel der Menüs abzuändern, während wir noch mitten im Anfangstrubel waren. Das funktionierende verbliebene Drittel aber hob uns sofort signifikant von anderen Passagierschiffen ab. Es gelang mir, die puristische Tradition der Ozeandampfer zu durchbrechen und modernere Speisen zu servieren, die völlig anders waren, und deren Qualität vor allem sehr viel besser war als die auf anderen Schiffen. Achtzehn Monate brauchte ich, bis alles glattlief. Aber heute ist alles bestens. Wir mussten an den Geschmacksrichtungen und Texturen arbeiten, an den Garzeiten,

damit das Filet Wellington wirklich blutig, rosa oder durch ist. Die einfachste Lösung wäre gewesen, alles vorzukochen und dann in Sauce aufzuwärmen. In meiner Küche kam das nicht infrage. Also war es eine echte Herausforderung, 150 Köche so zu koordinieren, dass wir problemlos 1200 Gedecke servieren konnten. Das bedeutete, dass sie meine Anweisungen genauestens befolgen mussten. Es brauchte Monate, bis das endlich klappte. Aber es war die Mühe wert.

Welche Rolle spielen Sie heute in der Schiffsküche?
Ich bin der General der Küche, und als solcher ruht auf mir die ganze Verantwortung. Der Druck ist unglaublich groß. Ich muss über alles Bescheid wissen. Ich gehe durch die 14 Bordrestaurants, beobachte, mache Notizen und halte jeden Tag Besprechungen ab, um einiges zu streichen und anderes zu ändern. Dann lasse ich die Chefs in den Küchen einige Wochen in Ruhe, denn es ist auch wichtig, Vertrauen zu zeigen. Aber allzu lang kann ich mich nicht vom Herd fernhalten. Dort lässt sich am besten an den Menüs feilen, dort kann ich sie ändern und mir neue Rezepte ausdenken. Das Wichtigste ist, dass jeder Teller, der den Tisch unserer Gäste erreicht, die Handschrift von Jean-Marie Zimmermann trägt.

EXIT 9

»Ich bin der General der Küche, und als solcher ruht auf mir die ganze Verantwortung. Der Druck ist unglaublich groß. Ich muss über alles Bescheid wissen.«

Das ist umso wichtiger, weil Sie einer der wenigen Spitzenköche auf der Welt sind, zu dem die Gäste fünf Tage lang immer wiederkommen. Während der Reise werden sie mindestens zehnmal über Ihre Kochkünste richten. Auch das ist eine riesige Herausforderung.
Man muss mit dem Ziel kochen, dass sich der Gast bereits auf die nächste Mahlzeit freut, wenn er sich vom Tisch erhebt. Das ist eine besondere Einstellung mit einer ganz eigenen Philosophie. Wir müssen aus guten Produkten Gourmetmenüs ausarbeiten, die gesund, ausgewogen und schmackhaft sind. Weitestgehend gelingt uns das, da es trotz der fast 16 000 Gedecke, die wir täglich auf dem Schiff servieren, kaum Beschwerden gibt.

Die QUEEN MARY 2 ist ein Wunderwerk an sich, aber Sie haben ja auch noch die Küchen auf der neuen QUEEN ELIZABETH 2 und der QUEEN VICTORIA unter sich. Auch hier trägt Ihre Arbeit Früchte, und Ihr Kochstil hat sich für *Cunard* als Trumpf erwiesen.
Auf der QUEEN ELIZABETH 2 gab es früher nur die große traditionelle Küche, denn die Gäste sollten sich wie zu Hause fühlen. Auf der QUEEN MARY 2 und der QUEEN VICTORIA ist es anders. Das ist meine Küche, und dort werden die Themen angeboten, die ich möchte. Die Arbeit ist aufregend. Auf der QUEEN VICTORIA durfte ich ein Fondue- und ein indisches Restaurant einrichten. Auf der QUEEN MARY 2 gibt es ein englisches Steakhouse, The Carvery, und ein Asien-Restaurant, das Lotus.

Jean-Marie Zimmermann, umgeben von der Schar seiner engsten Mitarbeiter, in einem Augenblick der Entspannung.

Queen Mary 2

Die QUEEN MARY 2 *im Hafen von Brooklyn, Manhattan im Hintergrund (vorherige Doppelseite).*

Gehören all diese Restaurants zum Mainstream von »World Food«?
Wissen Sie, ich reise nicht so viel, wie die Leute glauben. Aber ich habe das Glück, dass meine Chefköche aus 20 Ländern der Welt kommen. Ich bitte sie darum, neue Gerichte zu entwickeln, die ihre Kultur widerspiegeln, um mich mit neuen Aromen vertraut zu machen, mich zu überraschen, mich mitzunehmen auf eine Reise durch Südafrika, Nepal, Japan, Indien und Russland. Diese Weltreisen mit dem Gaumen sind unglaublich inspirierend. Meine Köche bereiten ihre Speisen. Ich probiere sie und dabei entstehen neue Ideen. Im Laufe dieses Prozesses entwickle ich fortlaufend einen »QUEEN-MARY-2-Geschmack«, der immer modern ist.

Spielen auf einem Schiff wie der QUEEN MARY 2 die Jahreszeiten in Gestalt saisonaler Gerichte eine Rolle?
Unsere Gäste steigen auf der ganzen Welt in den besten Grandhotels ab. Sie sind daran gewöhnt, Früchte wie Erdbeeren, Melonen, Kirschen das ganze Jahr über zu essen. Unsere Gäste zahlen dafür, das Beste auf dem Schiff zu erhalten. Es ist unsere Pflicht, ihnen das zu geben, was sie erwarten. Die Grundprodukte sind dabei das Wichtigste. Ich möchte, dass unser Fisch, Fleisch und Gemüse so perfekt wie möglich ist. Mein Vergnügen besteht darin, die besten Produkte zu verarbeiten und anbieten zu können.

Könnten Sie, mit all Ihren Ressourcen, auf dem Schiff ein Restaurant für 50 Personen einrichten, das Aussicht auf einen oder zwei Sterne im *Guide Michelin* hätte?
Für unsere Passagierschiffe wäre es eine außergewöhnliche Sache, die Anerkennung einer solchen Institution wie dem *Guide Michelin* zu bekommen. Das wäre sicherlich einzigartig in der Geschichte der Seefahrt. Wenn sich die Reederei eines Tages dazu entschließen würde, ein Zimmermann-Restaurant an Bord einzurichten, würde ich mich mit aller Kraft daran machen, einen oder zwei Sterne zu erringen.

Aber es gibt doch schon die Grills, die eigentlich Gourmetrestaurants sind, und in denen alles möglich ist.
Die Gäste der Grills können alles bestellen, was sie wollen. Komischerweise fragen sie nie nach den sehr komplexen Gerichten der Drei-Sterne-Restaurants. Vielleicht liegt es daran, dass sie so kompliziert zu erklären sind. Was die Passagiere meist verlangen, sind Gerichte, die mit Emotionen verbunden sind. Ganz einfache Gerichte, die nicht einmal in Frankreichs Restaurants oft angeboten werden: Coq au vin Chambertin, Sole Mornay oder Kalbskopf mit Sauce gribiche. Das ist kein Problem. Das können wir. Die einzige Beschränkung, die wir haben, liegt in den Grenzen der Fantasie unserer Gäste. Praktisch jeden Tag fragen sie nach bestimmten Gerichten. Wirklich ungewöhnlich wäre hingegen eine Mahlzeit ohne Sonderwünsche ... das wäre wirklich etwas ganz Besonderes.

Chef Zimmermann

Darüber hinaus haben Sie noch ganz besondere Kunden, denn Sie sind der einzige Spitzenkoch der Welt, der Tiere verköstigt!
Ja. Wir haben Hundezwinger auf der QUEEN MARY 2. Und ich wurde gebeten, für die mitreisenden Lieblinge besondere Gerichte zuzubereiten. Ich habe etwa 15 Hundekuchen-Rezepte, beispielsweise mit Hühnerleber oder Wild, entwickelt. Die Hundekuchen schmecken wirklich gut! Manchmal werden sie sogar von den Hundebesitzern probiert – und die lieben sie.

»Nicht das Meer lockt mich, sondern das Kochen. Ich bin nur ein Koch, kein Seemann. Ich kann nicht einmal schwimmen, also ...«

Welchen Kochstil mögen Sie selbst am liebsten?
Mein Geschmack ist ziemlich konventionell, aber ich habe immer Lust auf Überraschungen, Neues durch Mischen von Aromen entstehen zu lassen. Ich liebe gute Saucen, die den Geschmack des Produkts hervorheben. Auch gegen süßsauer habe ich nichts einzuwenden. Am liebsten mag ich die einfache Alltagsküche: ein gutes Steak mit echter Pfeffersauce und ein richtiges englisches Hash. Das schmeckt immer gut. Eines aber ist sicher: Ultramodern werde ich nie kochen. Von Molekularküche verstehe ich nichts. Aber sie ist interessant!

Aus welchem Antrieb ist Jean-Marie Zimmermann zehn Monate im Jahr auf See?
Mein Antriebsmotor ist die Familie. Ich habe eine bezaubernde Frau und zwei wunderbare Kinder, auf die ich sehr stolz bin. Unsere Tochter ist Künstlerin, unser Sohn professioneller Rugbyspieler. Und wir sind sehr eng miteinander verbunden, obwohl ich seit siebzehn Jahren wenig zu Hause bin. Sie motivieren mich. Sie sind die eigentliche Triebkraft meines Schaffens.

Ganz ehrlich, die Seefahrt ist nicht Ihre Leidenschaft.
Ganz und gar nicht. Mir liegt einzig daran, unsere Gäste zufriedenzustellen und die täglichen Herausforderungen zu bewältigen. Gewiss, anders als meine Kollegen an Land, habe ich keine Schwierigkeiten meine Restaurants zu füllen. Auch auf Marketing kann ich verzichten. Was mich auf See entschädigt, ist meine absolute Freiheit. Hier kann ich mich einzig auf die Küche konzentrieren und mich dem hingeben, was ich am liebsten tue. Ich durfte 14 Spezialitäten-Restaurants einrichten, habe eine wunderbare Mannschaft mit 150 Köchen und die besten Produkte zur Verfügung. Was könnte ich mehr wünschen? Das ist der beste Job der Welt. Mich lockt nicht das Meer, sondern das Kochen. Ich bin nur ein Koch, kein Seemann. Ich kann nicht einmal schwimmen, also ...

Die Traditionen an Bord werden auf allen Meeren gewahrt.

*Wie in einem Palast:
Die Speisen werden im
Restaurant und in den
Suiten serviert.*

Queen Mary 2

*Konzert vor dem Dinner
in der großen Lobby – oder die Kunst
einer Zeitreise in die Vergangenheit.*

PIER 17

Große Feier am 4. Februar 2007: Die QUEEN MARY 2 *läuft, begleitet von einer Schar von Booten, zum ersten Mal in die Bucht von San Francisco ein.*

MAISON
FONDÉE
EN 1772
À REIMS

34

Queens Grill & Princess Grill

An Bord eines Luxusliners gibt es exklusive Restaurants, die man nicht ohne eine gewisse Scheu betritt. Dazu gehören die Grills auf Deck 7 mit ihrer vornehmen Gourmetatmosphäre. Es sind Orte der eleganten Ruhe, ein wenig plüschig und sehr chic. Wer hier isst, hat das Gefühl, auf dem schönsten Schiff der Welt ein ganz besonderes Privileg genießen zu dürfen. Denn hier entführt Jean-Marie Zimmermann seine Gäste in eine Welt köstlicher Raffinesse und exquisiter Küche; egal ob man nun das Menü wählt oder à la carte speist. Man kann eine ausnehmend gute Sole à la meunière genießen, gebratene Ente à la montmorency nach allerbester Tradition oder Froschschenkel à la provençale. Es sind Gerichte, die Jean-Maries Großmutter für ihn in seiner Kindheit zubereitete, und von denen er sich noch heute inspirieren lässt.

Die Qualität des Tafelsilbers und der Kristallgläser, die Speisen und die Bedienung – manche Gerichte werden am Tisch flambiert oder filetiert –, all das macht aus dem Mahl in einem der Grills ein ganz besonderes Erlebnis auf einem unvergleichlichen Schiff. Dort zu essen, ist die Quintessenz von Luxus auf der QUEEN MARY 2, und die Gäste kosten jeden Augenblick aus. Wer hier speist, speist länger. Ganz einfach deswegen, weil es ein Genuss ist, und dieses schiere Vergnügen will man längstmöglich auskosten. Man erfreut sich der Anwesenheit Gleichgesinnter, genießt die raffiniertesten Gerichte und die besten Weine aus den Tiefen des Luxusliners.

Fehlen nur die Sterne ... doch die funkeln inzwischen in den Augen der glücklichen Gäste.

- Gebeiztes Rehfilet mit Brombeersauce und geschmortem Rotkohl
- Sole à la meunière
- Sole normande
- Steak tatare
- Surf and Turf
- Ente à l'orange
- Consommé royal
- Tandoori-Garnelen
- Bouillabaisse à la QUEEN MARY 2
- Geschmorter Ochsenschwanz
- Pfeffersteak
- Erdbeertorte Queen Victoria
- Crêpes Suzette
- Schokoladen-Terrine
- Tarte à la Crème brulée
- Zitrusfrüchte im Glas mit zweierlei Schokolade

Gebeiztes Rehfilet mit Brombeersauce und geschmortem Rotkohl

Für 4 Personen

Rehfilet

Öl/Beize/Marinade
700 g Rehfilet in 8 Stücke geschnitten
1 TL schwarze Pfefferkörner, zerstoßen
1 TL grüne Pfefferkörner, zerstoßen
4 Thymianzweige, frisch gehackt
Meersalz und frisch gemahlener Pfeffer nach Geschmack

Brombeersauce mit Portwein

250 ml Wasser
120 g Puderzucker
Schale von 1 Zitrone, gerieben
50 g Brombeeren
500 ml Portwein
250 ml Rotwein
500 ml Kalbsfond
500 ml Geflügelfond
90 g eiskalte Butter, in 4 Stücke geschnitten

Cremige Polenta

75 g Polenta (Maisgrieß)
30 ml Milch
25 g Schmand
Butter
25 g frisch geriebener Parmesan
Salz und frisch gemahlener Pfeffer nach Geschmack

Rotkohl

2 TL Entenschmalz
1 kg fein geschnittener Rotkohl
250 ml Cranberrysaft
250 ml Apfelsaft
1 TL brauner Zucker
Salz und frisch gemahlener Pfeffer nach Geschmack
1 in Würfel geschnittener Kochapfel
250 ml Rotwein
2 EL Rotweinessig
½ Zimtstange
Bouquet garni

2 EL rotes Johannisbeergelee
25 g Butter

Rehfilet

Das Filet 3 Stunden mit den Pfefferkörnern und dem Thymian marinieren. Salzen und pfeffern. Bei starker Hitze scharf anbraten. Im Backofen nach Geschmack garen.

Wenn es den gewünschten Garpunkt erreicht hat, aus dem Ofen nehmen und ruhen lassen.

Brombeersauce mit Portwein

Wasser, Puderzucker und Zitronenschale aufkochen. Die Brombeeren zugeben und 2 Minuten köcheln lassen. Den entstandenen Sirup durch ein Sieb gießen und auffangen.

Portwein und Rotwein in einem anderen Topf auf ein Viertel einkochen lassen.

Den Brombeersirup dazugeben.

Geflügel- und Kalbsfond hinzufügen. Auf die Hälfte einkochen.

Zum Schluss die eiskalten Butterwürfel einrühren und die Sauce kräftig aufschlagen.

Cremige Polenta

Milch zum Kochen bringen und die Polenta unter Rühren einrieseln lassen.

Bei niedriger Hitze 20 Minuten kochen.

Von der Platte ziehen. Schmand, Butter und Parmesan unterrühren.

Abschmecken und bis zum Servieren warm stellen.

Rotkohl

Einen großen Topf mit Entenschmalz einfetten und alle Zutaten von Rotkohl bis Bouquet garni zugeben. Mit gebuttertem Pergamentpapier bedecken und den Deckel auflegen.

2 Stunden im Backofen bei 170 °C garen.

Den Rotkohl aus dem Ofen nehmen. Rotes Johannisbeergelee und Butter einrühren.

Pro Teller 2 Rehmedaillons mit der Polenta anrichten, die Brombeersauce darübergießen und mit Brombeeren garniert servieren.

Sole à la meunière (Seezunge Müllerinart)

Für 4 Personen

4 Seezungen à 500 g
400 ml Milch
80 g Mehl
4 EL Olivenöl
1[illegible]0 g Butter
4 EL dunkler Kalbsfond
4 EL Zitronensaft
4 EL Worcestershiresauce
etwas gehackte Petersilie

Die Seezungen häuten, in Milch tauchen und durch das Mehl ziehen. Überschüssiges Mehl abklopfen.

Olivenöl und 50 g Butter in einer großen Pfanne erhitzen.

Die Seezungen von beiden Seiten kurz anbraten und im Backofen 5 Minuten bei 140 °C zu Ende garen.

Die Seezungen aus dem Ofen nehmen und auf einem Teller beiseitestellen.

Den Bratansatz in einen Topf geben, bei milder Hitze die restliche Butter hinzufügen. Sobald die Sauce eine nussbraune Farbe annimmt, Kalbsfond, Zitronensaft und Worcestershiresauce zugeben. Mit gehackter Petersilie bestreuen.

Die Seezunge mit der braunen Butter beträufelt servieren.

Sole normande (Seezunge mit Meeresfrüchten)

Für 4 Personen

Seezungenstreifen
2 Eier
1 Seezungenfilet, in Streifen geschnitten
20 g Mehl
30 g Paniermehl
Frittieröl

Seezungen
400 ml Fischfond
400 ml Weißwein
6 Lorbeerblätter
4 große Seezungenfilets
8 große rohe Riesengarnelen
8 Austern
8 Miesmuscheln
400 ml Geflügelfond
6 EL Crème fraîche
[illegible]0 g Butter
Salz und frisch gemahlener Pfeffer
100 g Pfifferlinge
20 g gehackte Schalotten
einige Trüffelspäne

Seezungenstreifen

Eier verquirlen.

Die Seezungenstreifen aufrollen, zuerst in Mehl wenden, dann in verquirltem Ei und zuletzt in Paniermehl wenden.

Die Seezungenstreifen in 180 °C heißem Öl goldbraun frittieren. Beiseitestellen.

Seezungen

Fischfond, Weißwein und Lorbeer in einen Topf geben. Zum Kochen bringen. Die Seezungenfilets mit den geschälten Riesengarnelen, den ausgelösten Austern und den geputzten ganzen Miesmuscheln 4 Minuten im Fond sanft ziehen lassen.

Fisch und Schalentiere herausnehmen. Geflügelfond zum Sud geben. Auf die Hälfte einkochen. Crème fraîche hinzufügen. Das Ganze durch ein feines Sieb gießen und die Flüssigkeit auffangen.

Den Topf mit der Sauce bei milder Hitze wieder auf den Herd stellen. Mit 40 g Butter andicken. Mit Salz und Pfeffer abschmecken.

Restliche Butter in einer Pfanne zerlassen. Pilze und Schalotten darin anbraten. Mit Salz und Pfeffer abschmecken.

Auf dem Servierteller ein Pilzbett bereiten, die Seezungenfilets, Riesengarnelen, Austern und Muscheln darauflegen.

Mit Sauce überziehen. Die Seezungenstreifen hinzufügen und mit Trüffelspänen garnieren.

Steak tartare

Für 4 Personen

400 g Filetsteak
4 Eigelb
50 g Zwiebeln, gewürfelt
[illegible] g Kapern
4 Sardellenfilets
1 Petersilienstiel
20 g Cornichons
10 g Dijon-Senf
1 EL Olivenöl
1 TL Worcestershiresauce
2 EL Cognac
1 EL Ketchup
5 g Paprikapulver
1 Spritzer Tabasco
Salz und frisch gemahlener Pfeffer

Das Filetsteak mit einem Messer sehr fein hacken. Die entstandene Masse in eine Rührschüssel geben. Eigelb hinzufügen. Gut durchmischen. Die Zwiebeln, Kapern, Sardellenfilets, gehackte Petersilie und Cornichons dazugeben. Gründlich vermengen.

Senf, Olivenöl, Worcestershiresauce, Cognac und Ketchup mit der Mischung verrühren.

Zum Schluss Paprika und Tabasco dazugeben. Mit Salz und Pfeffer abschmecken.

Surf and Turf

Für 4 Personen

Rindfleisch

700 g Rinderfilet, in 4 dicke Scheiben geschnitten

100 ml Traubenkernöl

Salz und frisch gemahlener Pfeffer

Remoulade

200 ml Mayonnaise

25 g saure Gurken

2[illegible] g Kapern

[illegible] g Kerbel

20 g Estragon

2 Schalotten

1 Sardellenfilet

Salz und frisch gemahlener Pfeffer

Languste

600 ml Buttermilch

2 EL Fischsauce

180 g Cajun-Gewürz

4 Langustenschwänze, in je 6 Stücke zerteilt

700 g Vollkornmehl

Frittieröl

Salz und frisch gemahlener Pfeffer

Estragonsauce

25 g gehackte Schalotte

4[illegible] g Butter

1 EL Aceto Balsamico

250 ml Rotwein

4 Estragonstiele, gehackt

25 g Kapern

10 g Cornichons, gehackt

100 ml dunkler Kalbsfond

Petersilie, gehackt

Rindfleisch

Die Filets auf beiden Seiten mit Öl bestreichen und würzen.

In einer Pfanne bei starker Hitze nach Geschmack braten.

Einige Minuten beiseitegestellt ruhen lassen.

Remoulade

Alle Zutaten im Mixer zu einer homogenen Sauce pürieren.

Languste

Buttermilch, Fischsauce und 90 g Cajun-Gewürz mischen. Die Langustenstücke mindestens 1 Stunde darin marinieren.

Das Mehl mit dem restlichen Cajun-Gewürz mischen.

Die Langustenstücke im Mehl wenden.

3 Minuten bei 180 °C frittieren.

Würzen.

Estragonsauce

Die Schalottenwürfel in 30 g Butter dünsten.

Mit dem Essig ablöschen. Rotwein und Estragon hinzugeben.

Die Flüssigkeit vollständig einkochen lassen.

Kapern, Cornichons und Kalbsfond hinzufügen.

Vor dem Servieren mit restlicher Butter andicken und die Petersilie zugeben.

Auf jeden Teller einen Remouladenspiegel streichen. Steak und Langustenstücke darauf anrichten. Estragonsauce extra dazu servieren.

Ente à l'orange

Für 4 Personen

2 Enten
2 EL Öl
150 g gewürfelte Möhren
50 g gewürfelter Sellerie
1 Bund Thymian
4 Lorbeerblätter
½ Zimtstange
½ Zwiebel
5 Knoblauchzehen
1 Bund Oregano
5 Saftorangen
100 ml Aceto balsamico
10 g brauner Zucker
½ Apfel, gewürfelt
1 TL Orangenzesten
1 TL Zitronenzesten
200 ml dunkler Kalbsfond
500 ml Wasser
100 ml Rotwein
200 ml Grand Marnier
1 Prise Salz und Pfeffer

Die Enten im Backofen 80 Minuten bei 165 °C braten. 15 Minuten abkühlen lassen, anschließend zerlegen und entbeinen.

Öl in einer schweren Pfanne erhitzen und die Entenknochen darin rösten.

Möhren, Sellerie, Thymian, Lorbeer, Zimt, Zwiebel, Knoblauch und Oregano zugeben. Bei starker Hitze unter ständigem Rühren ebenfalls rösten.
Mit dem Saft von 1 Orange und dem Essig ablöschen.

Zucker, Apfelwürfel und Zitruszesten zugeben, leicht karamellisieren.

Kalbsfond und Wasser zugießen.

Zum Kochen bringen und 40 Minuten einkochen lassen.

Das Ganze durch ein Sieb geben, die Flüssigkeit auffangen und das überschüssige Fett entfernen.

Die Sauce wieder auf den Herd stellen und weiterkochen, bis sie so dick ist, dass sie auf der Rückseite eines Löffels einen dicken Film bildet.

Abschmecken und bei Bedarf nachwürzen.

Die Sauce mit den Ententeilen in einen Topf geben. Rotwein und Saft von 4 Orangen zugießen. Auf ein Zehntel einkochen lassen.

Vor dem Servieren mit Grand Marnier flambieren.

Consommé royal

Für 4 Personen

Consommé

1 Möhre
1 Staudenselleriestange
1 Porreestange
1 Zwiebel
1 kg Hackfleisch (vom Rinderhals oder Rinderbein)
30 g Thymian
5 Lorbeerblätter
10 Eiweiß
2 l Rinderfond
500 g zerstoßenes Eis
10 schwarze Pfefferkörner
5 Nelken
Salz und frisch gemahlener Pfeffer

Eierstich

[illegible] EL Milch
100 ml Schlagsahne
2 Eier
Salz und frisch gemahlener Pfeffer

Consommé

Möhre, Sellerie und Porree in grobe Stücke schneiden.

Zwiebel würfeln.

Das Gemüse mit dem Hack mischen. Thymian und Lorbeer hinzugeben.

Eiweiß und zerstoßenes Eis dazugeben und gut vermengen.

Rinderfond in einen großen Topf gießen und die Hackmischung dazugeben. Mindestens 2 Stunden köcheln lassen.

Danach die Consommé durch ein sehr feines Sieb gießen und die Flüssigkeit auffangen. Das geronnene Eiweiß sorgfältig entfernen, damit die Consommé vollkommen klar ist.

Eierstich

Die Milch mit der Sahne vorsichtig erhitzen. Die Eier verquirlen und vorsichtig in die Mischung rühren.

Im Backofen ein Wasserbad vorbereiten. Die Eierstichmasse in eine 2 cm tiefe Form gießen. In das Wasserbad stellen und 15 Minuten bei 120 °C im Ofen stocken lassen.

Sobald die Masse gestockt ist, ist sie fertig. Wenn ihre Konsistenz zu weich ist, muss sie noch einige Minuten länger im Ofen bleiben. Den Eierstich aus der Form lösen und in Rauten schneiden.

Zum Anrichten den Eierstich in die heiße Consommé gleiten lassen.

Queens Grill

Tandoori-Garnelen

Für 4 Personen

Garnelen
10 g Tandoori-Paste
100 ml Naturjoghurt
10 g Garam Masala
10 g gehacktes Koriandergrün
Saft von 1 Zitrone
5 g Kichererbsenmehl
5 g Maisstärke
24 rosa Riesengarnelen

Gurkensalat
1 Gurke
1 rote Zwiebel
1 grüne Peperoni
[illegible] Tomaten
1 TL Zitronensaft
5 g Koriandergrün
Salz

Raita
1 Becher Naturjoghurt
1½ EL Minzsauce
5 g Zucker
2 Prisen Kreuzkümmel
Salz und frisch gemahlener Pfeffer

Garnelen

Die Zutaten von Tandoori-Paste bis Maisstärke in einer Schüssel mischen. Garnelen schälen, entdärmen und in der Mischung 2 bis 3 Stunden marinieren lassen.

Die Garnelen in einer sehr heißen Pfanne auf jeder Seite 90 Sekunden braten.

Mit Gurkensalat und Raita servieren.

Gurkensalat

Die Gurke in lange Streifen schneiden. Zwiebel, Peperoni und Tomaten würfeln.

Mit Zitronensaft, fein gehacktem Koriander und Salz abschmecken.

Raita

Alle Zutaten zu einer dicken Sauce vermengen und abschmecken.

Bouillabaisse à la
QUEEN MARY 2

Für 4 Personen

Fischbouillon

2 EL Olivenöl
100 g Staudensellerie, geschnitten
200 g Zwiebeln, grob gewürfelt
100 g Fenchel, geschnitten
1 Porreestange in 6 Stücke geschnitten
4 Knoblauchzehen
2 Lorbeerblätter
2 Nelken
5 l Wasser
250 ml Weißwein
1,5 kg Fischkarkassen

Bouillabaisse

2 EL Olivenöl
1 kg Langustenschalen
100 g Knollensellerie
1 Porreestange
200 [illegible] Zwiebeln
4 Tomaten
¼ Fenchelknolle
4 Knoblauchzehen
2 Thymianzweige
1 Zitronengrasstange
25 g Tomatenmark
250 ml Weißwein
2 l Fischbouillon (siehe oben)
2 Lorbeerblätter
2 Nelken
20 Fenchelsamen
1 Prise Safran
1 [illegible] Olivenöl
[illegible] Schalotten
½ Langustenschwanz
200 g Wolfsbarschfilet
250 g Miesmuscheln
[illegible] Garnelen
12 Venusmuscheln
[illegible] EL Pastis

Rouille

6 Knoblauchzehen
Salz, 1 Prise Safran
4 junge Kartoffeln
1 EL Dijon-Senf
1 EL Estragonessig
1 EL Wasser
2 EL Olivenöl
weißer Pfeffer und Cayennepfeffer nach Geschmack

Fischbouillon

Olivenöl in einem Topf erhitzen. Sellerie, Zwiebeln, Fenchel, Porree, Knoblauch, Lorbeer, Nelken zufügen und dünsten. Wasser und Wein zugießen, die Karkassen zugeben. 30 Minuten kochen lassen.

Bouillon durch ein Sieb gießen, auffangen und beiseitestellen.

Bouillabaisse

Olivenöl in einem Topf erhitzen.

Die in Stücke geschnittenen Langustenschalen zugeben und leicht bräunen lassen.

Den geviertelten Sellerie, in Scheiben geschnittenen Porree, die gewürfelten Zwiebeln, die geviertelten Tomaten, den in Stücke geschnittenen Fenchel hinzufügen, ebenso Knoblauch, Thymian und Zitronengras. Alles andünsten.

Das Tomatenmark dazugeben und gut durchmengen.

Mit Weißwein ablöschen und die Fischbouillon zugießen.

Lorbeer, Nelken, Fenchelsamen und Safran dazugeben und aufkochen.

Fischbouillon 25 Minuten kochen lassen, durch ein Spitzsieb gießen, auffangen und Fischbouillon beiseitestellen.

In einem Topf etwas Olivenöl erhitzen. Die fein gewürfelten Schalotten zugeben und glasig dünsten, die Meeresfrüchte und den in Stücke geschnittenen Fisch darin anbraten.

2 Minuten garen.

Mit Pastis ablöschen. Die Fischbouillon darübergießen.

Aufkochen und 1 weitere Minute bei starker Hitze kochen lassen.

Mit der Rouille servieren.

Rouille

Knoblauchzehen durchpressen. Mit etwas Salz und dem Safran zu einem Mus verrühren.

Die jungen Kartoffeln kochen und mit Knoblauchmus, Senf, Essig und Wasser in einen Mixer geben. Aufmixen und dabei langsam das Öl zugießen, wie beim Herstellen einer Mayonnaise.

Mit weißem Pfeffer und Cayennepfeffer abschmecken.

Geschmorter Ochsenschwanz

Für 4 Personen

1 EL Olivenöl
4 schöne Ochsenschwanzstücke
200 g Möhren
200 g Porree
50 g Schalotten
280 g Zwiebeln
30 g Knoblauch
6 Thymianzweige
4 EL Aceto balsamico
500 ml Rotwein
350 g Tomaten
2 Lorbeerblätter
2 Nelken
1 l Wasser
100 ml Rinderfond
Salz
Weißweinessig
4 Eier

Kartoffel-Erbsenpüree
500 g Kartoffeln
150 g gekochte Erbsen
3 EL Schlagsahne
25 g Butter
Salz und frisch gemahlener Pfeffer nach Geschmack

Olivenöl in einer Pfanne erhitzen, Ochsenschwanzstücke darin goldbraun anbraten.

Gewürfelte Möhren, in Stücke geschnittenen Porree, klein gewürfelte Schalotten und Zwiebeln, gehackten Knoblauch und Thymianzweige zugeben.
Etwa 10 Minuten schmoren lassen.

Essig und Rotwein zugießen und vollständig einkochen lassen.

Alles mit den in Stücke geschnittenen Tomaten, Lorbeerblättern, Nelken und Wasser in einen Bräter geben.

Im geschlossenen Bräter 2 Stunden bei 180 °C im Backofen schmoren lassen.

Das Fleisch aus dem Topf nehmen. Die Sauce entfetten, durch ein feines Sieb gießen und auffangen. Die Sauce wieder auf den Herd stellen und auf ein Drittel einkochen.

Rinderfond zugießen und aufkochen.

Die Ochsenschwanzstücke hineinlegen und 5 Minuten mitkochen lassen.

In einem Topf Salzwasser mit Essig erhitzen. Die Eier darin pochieren.

Kartoffel-Erbsenpüree

Kartoffeln waschen, schälen und in Stücke schneiden.

In Wasser kochen, abgießen und zu Mus stampfen.

Die Erbsen mit 1½ EL Sahne pürieren.

Die Butter mit der restlichen Sahne in einem Topf erhitzen.

Kartoffelstampf und Erbsenpüree hineingeben.

Salzen und pfeffern.

Pfeffersteak

Für 4 Personen

4 Rinderlenden à 280 g
Salz
1 EL Olivenöl
5 g Butter
8 Thymianzweige
20 g weißer Pfeffer
250 ml Weißwein
100 ml Cognac
200 ml Schlagsahne
1 EL Kalbsfond
20 g Senf

Pommes frites
6 große Kartoffeln
4 Knoblauchzehen
Frittieröl
4 Rosmarinzweige
50 g geriebener Parmesan

Die Lendenstücke salzen.

Eine Pfanne richtig heiß werden lassen. Olivenöl und Butter darin schmelzen lassen.

Das Fleisch auf beiden Seiten mit dem Thymian anbraten. Nach Geschmack garen und beiseitestellen.

Den Thymian aus der Pfanne nehmen.

Bodensatz pfeffern, mit Weißwein und Cognac ablöschen.

Sahne und Kalbsfond zugießen. Senf dazugeben. Einige Minuten einkochen lassen.

Pommes frites

Die Kartoffeln waschen und schälen. In Stifte schneiden und in Eiswasser legen.

Die Kartoffelstücke mit dem Knoblauch 3 Minuten in einer Fritteuse im 140 °C heißen Öl frittieren. Herausnehmen und abkühlen lassen.

Nun die Kartoffelstücke mit Rosmarin in der Fritteuse bei 180 °C goldbraun frittieren.

Aus dem Fett nehmen und mit geriebenem Parmesan bestreuen.

Erdbeertorte Queen Victoria

Für 4 Personen

Biskuit

5 Eier
150 g Zucker
75 g Mehl
75 g Maisstärke

Vanillecreme

½ Vanilleschote
250 ml Schlagsahne
3 Eier
120 g Zucker
1 Blatt Gelatine
2 EL Wasser
3 EL Cointreau

Dekoration

200 g frische Erdbeeren

Biskuit

Die Eier trennen. Eigelb und Eiweiß in zwei Schüsseln geben.

Eigelb mit 70 g Zucker so lange schlagen, bis eine cremig-weiße Masse entsteht.

Das Eiweiß mit dem restlichen Zucker zu Eischnee schlagen.

Eischnee vorsichtig unter die Eigelbmasse heben.

Mehl mit Maisstärke mischen und auf die Eimasse sieben. Vorsichtig unterheben.

Masse in einen Spritzbeutel füllen und in eine mit Backpapier belegte Springform konzentrische Ringe spritzen.

Im Ofen 8 bis 10 Minuten bei 180 °C backen lassen.

Vanillecreme

Die Vanilleschote aufschneiden, das Mark herauskratzen und in die Sahne geben.

Sahne steif schlagen und in den Kühlschrank stellen.

Die Eier trennen.

Eigelb mit 70 g Zucker so lange schlagen, bis eine cremig-weiße Masse entsteht.

Die Gelatine in kaltem Wasser einweichen und ausdrücken.

Gelatine im erwärmten Cointreau auflösen und in die Eigelbmasse rühren.

Die Sahnecreme dazugeben. Verrühren und beiseitestellen.

Das Eiweiß mit dem restlichen Zucker zu Eischnee schlagen.

Beide Massen vorsichtig miteinander vermengen und beiseitestellen.

Zusammensetzen der Torte

Die Erdbeeren putzen. Einige Erdbeeren für die Dekoration beiseitelegen.

Den Biskuit waagerecht in zwei Böden schneiden.

Einen Tortenboden in den Springformrand legen und mit der Hälfte der Vanillecreme bestreichen. Die Erdbeeren darauflegen und den zweiten Tortenboden und die restliche Vanillecreme daraufgeben.

Torte 3 Stunden in den Kühlschrank stellen.

Vor dem Servieren die beiseitegestellten Erdbeeren als Rosette auf der Torte verteilen.

Crêpes Suzette

Für 4 Personen

Crêpe-Teig
70 g Mehl
1 Prise Salz
5 g Zucker
3 Eier, 1 Eigelb
200 ml Milch
15 g Butter

Suzette-Butter
50 g Zucker
Saft von 1 Orange
Saft von 1 Zitrone
70 g Butter
2½ EL Grand Marnier

Crêpe-Teig

Das Mehl in eine große Schüssel sieben.

In der Mitte des Mehlbergs eine Vertiefung machen, Salz, Zucker, Eier und Eigelb hineingeben. Gut mischen.

Ganz langsam die Milch zugießen und sorgfältig umrühren, damit keine Klumpen entstehen.

Die Butter zerlassen, dazugeben und unterrühren.

Mindestens 1 Stunde ruhen lassen.

Für die Crêpes eine beschichtete Pfanne verwenden. Den Teig gleichmäßig dünn in der Pfanne verteilen. Auf beiden Seiten goldbraun ausbacken.

Suzette-Butter

Den Zucker in einer Pfanne schmelzen lassen. Sobald er zu karamellisieren beginnt, Orangensaft und Zitronensaft zugießen und so lange kochen, bis ein goldbrauner Sirup entstanden ist.

Butter unter kräftigem Rühren untermischen.

Mit Grand Marnier flambieren und 1 Minute einkochen lassen.

Heiß auf die in Viertel gefalteten Crêpes gießen.

Sofort servieren.

Schokoladen-Terrine

Für 8 Personen

Mousse au Chocolat
100 ml Milch
500 ml Schlagsahne
100 g Kakaopulver
250 g dunkle Schokolade
5 Eigelb
20 g Zucker

Dunkler Schokoladenguss
110 ml Schlagsahne
100 g dunkle Schokolade
150 g Gelatine
etwas rote Lebensmittelfarbe

Mousse au Chocolat

Die Milch mit 250 ml Sahne und Kakaopulver aufkochen.

Vom Herd nehmen und die gehackte Schokolade zugeben. So lange rühren, bis sie geschmolzen ist.

Eigelb mit Zucker in einer Metallschüssel verrühren und so lange schlagen, bis eine cremig-weiße Masse entstanden ist.

Die geschmolzene Schokolade in die Eicreme rühren, die restliche Sahne unterheben.

Alles zu einer homogenen Masse vermengen.

In eine Terrinenform gießen und in den Kühlschrank stellen.

Dunkler Schokoladenguss

Die Sahne aufkochen. Die gehackte Schokolade in die heiße Masse einrühren und eine Ganache herstellen.

Die Gelatine nach Packungsanweisung auflösen und Lebensmittelfarbe hineinrühren.

In die noch heiße Ganache geben und die Masse auf der Mousse au Chocolat in der Terrine verteilen.

Kalt stellen.

Mit roten Beeren, Vanilleeis oder Vanillecreme servieren.

Tarte à la Crème brulée

Für 6 bis 8 Personen

Tarte-Boden
2 Eier
2 Eigelb
75 g Zucker
[illegible]00 g Mehl
1[illegible]0 g Butter
1 Prise Salz

Crème brulée
400 ml Milch
600 ml Schlagsahne
100 g Zucker
2 Eier, 2 Eigelb

Filoteigpäckchen mit Cognac-Apfel-Füllung
2 Golden Delicious, in Würfel geschnitten
110 g Puderzucker
100 g Butter
5 EL Cognac
5 Blatt Filoteig

Zimteis
100 ml Milch
200 ml Schlagsahne
1 Zimtstange
2[illegible] g Zucker
4 Eigelb
1 TL gemahlener Zimt

Tarte-Boden

In einer kleinen Rührschüssel Eier und Eigelb mit dem Zucker schaumig schlagen.

Das Mehl mit der weichen Butter und dem Salz in einer Schüssel verkneten.

Die Ei-Zucker-Masse zugeben. Mit der Hand verkneten und aus dem Teig eine Kugel formen.

1 Stunde in den Kühlschrank stellen.

Die Arbeitsplatte bemehlen und den Teig darauf ausrollen.

Die entstandene Teigplatte in eine bemehlte Form legen.

Teig mit Backpapier und getrockneten Hülsenfrüchten belegt blindbacken.

Den Teigboden 10 Minuten bei 180 °C backen, das Papier mit den Hülsenfrüchten entfernen und den Boden abkühlen lassen.

Crème brulée

Die Milch mit der Sahne aufkochen lassen.

80 g Zucker mit Eiern und Eigelb verrühren. Die Mischung in die kochende Milch geben. Langsam abkühlen lassen.

Die Masse auf dem gebackenen Boden verteilen und 20 Minuten bei 150 °C im Ofen backen.

Aus dem Ofen nehmen und dünn mit dem restlichen Zucker bestreuen.
Die Zuckerschicht mit einer Lötlampe karamellisieren.

Filoteigpäckchen mit Cognac-Apfel-Füllung

Die Apfelwürfel mit 100 g Puderzucker und Butter in einer Pfanne braten.
Mit Cognac flambieren und 2 Stunden ziehen lassen.

1 Blatt Filoteig mit geschmolzener Butter einpinseln und 1 weiteres Blatt darauflegen.

Mit 2 weiteren Blättern ebenso verfahren.

Das Apfelkompott auf den beiden Teigblättern verteilen und die beiden anderen darauflegen.

Das restliche Kompott darauf verteilen und mit dem letzten Teigblatt bedecken.

In Quadrate schneiden und vorsichtig aufrollen.

Mit restlichem Puderzucker bestäuben und bei 250 °C zum Karamellisieren in den Backofen schieben.

Zimteis

Milch mit Sahne und Zimtstange aufkochen. Bei milder Hitze kochen lassen.

Zucker und Eigelb zu einer cremig-weißen Masse aufschlagen.

Zimtstange aus der Milch nehmen. Die heiße Milch in die Ei-Zucker-Masse gießen. Bei 85 °C unter Rühren stocken lassen.

Den Topf in ein Eisbad stellen, damit die Masse sehr rasch abkühlt. Sobald sie erkaltet ist, den Zimt unterrühren.

Die Creme in eine Eismaschine füllen und fertigstellen.

Jedes Stück Tarte mit einem Filoteigpäckchen und einer Eiskugel servieren.

Zitrusfrüchte im Glas mit zweierlei Schokolade

Für 4 Personen

Blutorangen-Gelee
3 Blatt Gelatine
2 EL kaltes Wasser
250 ml Blutorangensaft
[illegible] g Zucker

Mousse aus Joghurt und weißer Schokolade
[illegible]0 g Zucker
4 EL kaltes Wasser
2 Blatt Gelatine
75 ml Vollmilch
110 g weiße Schokolade
2 Eigelb
1 Becher Joghurt
175 ml Schlagsahne, steif geschlagen

Dunkle Mousse au Chocolat
4[illegible] g Zucker
3 EL kaltes Wasser
1 Blatt Gelatine
1 Eigelb
75 g dunkle Schokolade
125 ml Schlagsahne, steif geschlagen
10 g Kakaopulver

Blutorangen-Gelee

Die Gelatine im Wasser einweichen und ausdrücken, dann das Gefäß in ein Wasserbad stellen, um die Gelatine aufzulösen. Den Orangensaft in einem Topf erwärmen, den Zucker zugeben und darin auflösen. Vom Herd nehmen, die aufgelöste Gelatine zugeben. Gut verrühren.

Vier Martinigläser zu einem Drittel mit dem Gelee füllen und in den Kühlschrank stellen.

Mousse aus Joghurt und weißer Schokolade

Zucker und 2 EL Wasser in einem Topf aufkochen.

Zu Sirup einkochen. Beiseitestellen.

Die Gelatineblätter im restlichen Wasser einweichen, ausdrücken und dann im Wasserbad auflösen.

Die Milch aufkochen, vom Herd nehmen, die weiße Schokolade zugeben und schmelzen lassen.

In einer Schüssel Eigelb mit Sirup verschlagen, bis die Masse leicht andickt. Die geschmolzene Schokolade, Joghurt und Gelatine vorsichtig unterrühren.

Anschließend die geschlagene Sahne unterheben.

Das Blutorangen-Gelee in den Martinigläsern mit einer Schicht Joghurt-Schoko-Mousse bedecken.

In den Kühlschrank zurückstellen.

Dunkle Mousse au Chocolat

Zucker und 2 EL Wasser in einem Topf aufkochen.

Zu Sirup einkochen. Beiseitestellen.

Gelatine im restlichen Wasser einweichen, ausdrücken und dann im Wasserbad auflösen.

In einer Schüssel Eigelb mit Sirup so lange verschlagen, bis die Masse leicht andickt.

Die geschmolzene dunkle Schokolade und die Gelatine zugeben. Vorsichtig unterrühren und dann die geschlagene Sahne unterziehen.

Die Mousse 2 Stunden in den Kühlschrank stellen.

Mit zwei Esslöffeln, die immer wieder in heißes Wasser getaucht werden, 4 Nocken abstechen und vorsichtig im Kakaopulver wälzen.

Die Gläser aus dem Kühlschrank nehmen und auf jedes eine Schokoladennocke legen.

Nach Geschmack mit einigen roten Beeren und Minzblättern dekorieren.

Britannia

Das Britannia ist das Flaggschiff der 14 Restaurants an Bord der QUEEN MARY 2. Es ist die kulinarische Bühne von Jean-Marie Zimmermann, das Gourmet-Theater, in dem jeden Tag ein neues Stück aufgeführt wird, denn hier nehmen die meisten Passagiere pro Tag ein, zwei oder drei Mahlzeiten ein. Das Servicepersonal ist pausenlos in Bewegung, vom Frühstück bis zum Abendessen. Nur wenn die Tische neu eingedeckt werden, ist es etwas ruhiger. Natürlich benötigt man in einem Restaurant, in dem bei jeder Mahlzeit mehr als 1300 Menschen verköstigt werden, viele Hände. Wenn man bedenkt, dass hier am Abend sogar zwei Mahlzeiten eingenommen werden, wird klar, welch ungeheure Leistung dies ist – zumal der *White-Star*-Service immer perfekt ist. Und diese Leistung wird wie selbstverständlich jeden Tag wiederholt!
Ob Eier Benedict zum Frühstück, Bœuf Bourguignon zum Mittagessen, Surf and Turf zum Abendessen, jedes Mahl wird gleich nach der Bestellung frisch zubereitet. Für die Mannschaft, die in der riesigen Küche arbeitet, ist das eine unglaubliche Herausforderung. Aber sie hat nur ein einziges Ziel: ihr Bestes geben, um die Gäste zufriedenzustellen. Denn hier findet der Wunsch nach einer Traumreise auf dem schönsten aller Luxusliner seine eigentliche Erfüllung.

Duett von gebratenen Jakobsmuscheln und Lachs

Für 4 Personen

Lachs-Rillettes
200 g Lachsfilet
100 g Räucherlachs
50 g Butter
50 g Schmand
3 g frischer Meerrettich, gerieben
Salz und frisch gemahlener Pfeffer
1 EL Olivenöl

Graved Lachs
2 Lachsfilets à 250 g
100 g Zucker
100 g grobes Meersalz
5 Dillstiele

Jakobsmuscheln
4 große Jakobsmuscheln ohne Corail
Saft von 2 Limetten
5 g frischer Ingwer, gehackt
2 EL Kürbiskernöl
Salz

Dressing von pochierten Eiern
2 Eier, Salz
5 EL Weißweinessig
5 EL Olivenöl
5 EL Sonnenblumenöl
frisch gemahlener Pfeffer

Lachs-Rillettes

Lachsfilet und Räucherlachs getrennt in feine Würfel schneiden.
Die Hälfte vom frischen Lachs mit dem Räucherlachs vermengen.
Die weiche Butter und den Schmand langsam unterrühren.
Mit Meerrettich, Salz und Pfeffer abschmecken.
Den Rest der Lachswürfel mit sehr wenig Öl in einer Pfanne braten.
Sobald sie gar sind, unter die Lachsmischung rühren.

Graved Lachs

Eventuell noch vorhandene Gräten aus dem Lachs entfernen.
Zucker und grobes Salz vermengen.
Auf einer Klarsichtfolie ein Drittel der Beizmischung verteilen.
Ein Lachsfilet mit der Hautseite nach unten auf die Beize legen.
Dill darauf verteilen und ein weiteres Drittel der Beizmischung auftragen.
Das zweite Filet mit der Hautseite nach oben darauflegen.
Die restliche Beize darauf verteilen.
Das Ganze zuerst in Klarsichtfolie wickeln und dann in Alufolie.
Im Kühlschrank 4 Stunden beizen lassen.
Danach die Filets unter fließendem Wasser abspülen.
Vor dem Servieren die Lachshaut abziehen.

Jakobsmuscheln

Die Jakobsmuscheln 3 Stunden in mit Ingwer vermischtem Zitronensaft marinieren lassen.
Öl in einer Pfanne erhitzen. Die Jakobsmuscheln kurz auf jeder Seite anbraten.

Dressing von pochierten Eiern

Die Eier in kochendem Salzwasser mit einem Schuss Essig pochieren.
Während die Eier abkühlen, beide Öle mit dem restlichen Essig verrühren.
Die Eier hineingeben. Kräftig zu einem Dressing aufmixen. Nach Geschmack würzen.

Filet Wellington

Für 6 bis 8 Personen

Brioche-Teig
625 g Mehl
13 g Hefe
[illegible]25 ml Milch
65 g Zucker
13 g Salz
5 Eier
[illegible]90 g Butter

Rindfleisch
20 g Knoblauch
½ Zwiebel
30 g Butter
700 g Champignons
2 Thymianzweige
200 ml Weißwein
200 g Kalbfleisch
2[illegible] g Petersilie
1 Rinderfilet à 1,5 kg
Salz und frisch gemahlener Pfeffer
Öl
Brioche-Teig (siehe oben)
6 Pfannkuchen
1 Eigelb

Brioche-Teig

Mehl in eine Rührschüssel sieben. Hefe in die Milch bröckeln. Das Ganze mit Zucker, Salz und Eiern zu einem Teig verarbeiten.

Weiche Butter unterkneten.

Den Teig 30 Minuten gründlich mit der Hand durchkneten.

Ruhen lassen, bis sich das Teigvolumen verdoppelt hat.

Rindfleisch

In einer sehr heißen Pfanne den gehackten Knoblauch und die gewürfelten Zwiebeln in der Butter anbraten.

Die geputzten Champignons und die Thymianblättchen dazugeben.

Das Ganze einige Minuten vorsichtig bräunen.

Weißwein angießen und Flüssigkeit vollständig einkochen lassen.

Im Mixer pürieren und abkühlen lassen.

Sobald die Masse Zimmertemperatur erreicht hat, das Kalbfleisch dazugeben und erneut im Mixer pürieren. Gehackte Petersilie unterrühren und abschmecken.

Das Rinderfilet vor dem Braten rundum salzen und pfeffern. In Öl anbraten.

Die Arbeitsfläche mit Mehl bestäuben und den Brioche-Teig 5 mm dick ausrollen.

Die Pfannkuchen darauf verteilen.

Mit der gehackten Kalbfleischmischung bestreichen.

Fleisch darauflegen. Die Teigränder mit etwas Wasser bestreichen, den Teig um die Füllung schlagen und die Ränder fest andrücken. Die Oberfläche mit Eigelb bestreichen.

Den Ofen auf 170 °C vorheizen und das Filet 30 Minuten darin garen.

Taschenkrebs Thermidor in der Brioche-Schale

Für 4 Personen

15 g Butter
1 TL gehackte Schalotten
120 ml Weißwein
250 ml Geflügelfond
250 g Schmand
100 g Champignons
1 TL Dijon-Senf
1 Eigelb
100 g Krebsfleisch
4 Brioches
1 TL geriebener Parmesan

Die Butter in einer Pfanne bei mittlerer Hitze zerlassen und die Schalotten vorsichtig glasieren. Mit Weißwein ablöschen.

Den Geflügelfond zugießen und auf ein Viertel einkochen lassen.

125 g Schmand dazugeben, dann die in Scheiben geschnittenen Champignons.

Das Ganze weiterkochen, bis eine dickliche Sauce entstanden ist. Dann den Senf einrühren. Beiseitestellen.

In einer Schüssel den restlichen Schmand mit Eigelb verrühren.

Die vorbereitete Sauce dazugeben.

Das Krebsfleisch vorsichtig unterheben.

Das Obere von den Brioches abheben und das Innere aushöhlen. Die entstandenen Schälchen leicht im Ofen toasten.

Die Krebsfleischmischung vorsichtig in die Brioches füllen.

Etwas geriebenen Parmesan darüberstreuen. Vor dem Servieren unter dem Grill leicht bräunen.

Beef and Potato Hash

Für 4 Personen

250 g Kartoffeln
50 g Butter
500 g gewürfeltes Rinderfilet
100 g Zwiebeln
30 g Knoblauch
20 g gehackte Petersilie
3 EL Worcestershiresauce
2 EL HP Sauce
5 EL Bratensauce
4 Eier
Salz und frisch gemahlener Pfeffer

Kartoffeln in Salzwasser kochen.

Die gekochten Kartoffeln schälen und würfeln. In einer sehr heißen Pfanne 25 g Butter zerlassen. Kartoffeln darin braten, herausnehmen und beiseitestellen.

Mit dem gewürfelten Rinderfilet ebenso verfahren.

Sobald das Rindfleisch gar ist, aus der Pfanne nehmen. Die restliche Butter in die Pfanne geben und die Zwiebelwürfel mit dem gehackten Knoblauch glasig dünsten.

Die restlichen Zutaten hinzufügen und das Ganze einkochen lassen. Dabei gut durchrühren.

In vier Portionen aufteilen.

Spiegeleier braten und je eines auf eine Portion Hash legen.

Kabeljaufilet mit Spinat, Paksoi und Senfsauce

Für 4 Personen

Kabeljaufilet

4 Kabeljaufilets à 180 g
500 ml Olivenöl
4 Paksoi
300 g frischer Spinat
[illegible]0 g Butter
2 TL Sojasauce
Salz und frisch gemahlener Pfeffer

Senfsauce

5 g Senfsamen
5 g Butter
1 Schalotte
100 ml Weißwein
200 ml Geflügelfond
200 g Crème fraîche
50 g Dijon-Senf
Salz und frisch gemahlener Pfeffer

Kabeljaufilet

Die Kabeljaufilets würzen und im heißen Olivenöl auf der einen Seite 3 Minuten, auf der anderen 2 Minuten anbraten.

Den Paksoi zerteilen und hacken.

Den Spinat waschen und verlesen.

Paksoi und Spinat in kochendem Salzwasser 30 Sekunden blanchieren.

In Butter und Sojasauce einige Minuten schwenken.

Senfsauce

Die Senfkörner in Butter knusprig braten.

Die gehackte Schalotte dazugeben und glasig dünsten.

Mit Weißwein ablöschen.

Den Geflügelfond zugießen und auf die Hälfte einkochen lassen.

Dann die Crème fraîche hinzugeben und auf die Hälfte einkochen lassen.

Den Senf einrühren und das Ganze abschmecken.

Schnecken à la Maître d'hôtel

Für 4 Personen

[illegible] Schalotten
[illegible]0 g Butter
2 Knoblauchzehen
5 g Sardellenfilets
2[illegible] Schnecken
200 ml Rotwein
Salz und frisch gemahlener Pfeffer

Knoblauchbutter
1[illegible]0 g Butter
25 g Knoblauch
180 g Petersilie
2 EL Cognac
1 EL Worcestershiresauce
1 Eigelb
30 g Paniermehl
Salz und frisch gemahlener Pfeffer

Die fein gewürfelten Schalotten in einer Pfanne mit Butter glasig dünsten.

Den gehackten Knoblauch und die Sardellen dazugeben. 30 Sekunden braten lassen.

Die Schnecken zugeben und würzen. Ganz kurz weitergaren und mit Rotwein ablöschen. So lange einkochen, bis die gesamte Flüssigkeit verkocht ist.

Knoblauchbutter

Die weiche Butter mit dem fein gehackten Knoblauch, der gehackten Petersilie, Cognac, Worcestershiresauce und Eigelb zu einer cremigen Masse verrühren.

Das Paniermehl dazugeben, mit Salz und Pfeffer würzen. Gut verrühren.

Die Schnecken in ihrer Schale oder in einer Schneckenpfanne anrichten. Knoblauchbutter darauf verteilen und im Ofen 9 Minuten bei 180 °C garen.

Bœuf Bourguignon

Für 4 Personen

800 g Rindfleisch aus der Schulter, in 4 cm große Würfel geschnitten
3 Prisen Salz und Pfeffer
4 EL Olivenöl
2 Lorbeerblätter
2 Thymianzweige
[illegible] Schalotten
2 Knoblauchzehen
3 EL Aceto balsamico
600 ml Rotwein
4 Tomaten
1 l Wasser
100 ml Kalbsfond
2 EL Worcestershiresauce
½ Bund krause Petersilie

Beilage
25[illegible] ml Wasser
[illegible] Prise Salz
5 g Rohrzucker
[illegible]0 g Butter
12 frische Silberzwiebeln
40 g Champignons
100 g Räucherspeck

Das Fleisch salzen und pfeffern.

Olivenöl in einem Bräter erhitzen.

Fleischstücke im sehr heißen Öl goldbraun anbraten.

Lorbeer, Thymian, Schalotten und klein gehackten Knoblauch dazugeben.

Das Ganze bei milder Hitze so lange schmoren lassen, bis es Farbe angenommen hat. Dann mit Essig und Rotwein ablöschen.

Die Flüssigkeit einkochen lassen.

Die gehäuteten und entkernten Tomaten dazugeben und 5 Minuten andünsten.

Wasser und Kalbsfond zugießen, Deckel auflegen. Bei milder Hitze 25 Minuten schmoren lassen.

Mit Worcestershiresauce abschmecken und in den Ofen schieben. Dort etwa 35 Minuten bei 150 °C weiterschmoren lassen, bis das Fleisch zart ist.

Aus dem Ofen nehmen. Thymian und Lorbeer entfernen.

Mit der Beilage in einer flachen Schüssel anrichten und das Ganze mit gehackter Petersilie bestreuen.

Beilage

Wasser, Salz, Zucker und Butter in einem kleinen Topf aufkochen lassen.

Silberzwiebeln, halbierte Champignons und Speckwürfel zugeben.

Bei milder Hitze so lange einkochen lassen, bis das Ganze Farbe angenommen hat.

Gegrillter Wolfsbarsch mit glasierten Tomaten und Tapenade

Für 4 Personen

Glasierte Tomaten
200 ml Olivenöl
4 Flaschentomaten
4 Knoblauchzehen
6 Basilikumblätter
1 Prise Salz
1 Prise zerstoßener Pfeffer

Tapenade
180 g entsteinte schwarze Oliven
2 Knoblauchzehen
30 g Sardellenfilets
[illegible]0 g Kapern
2 EL Öl (von den glasierten Tomaten)
[illegible] g Parmesan

Gegrilltes Gemüse
200 g Zucchini
200 g Auberginen
2 rote Paprikaschoten
2 EL Öl (von den glasierten Tomaten)

Wolfsbarschfilet
4 Wolfsbarschfilets mit Haut à 150 g
2 EL Olivenöl

Harissa-Paste (nach Wunsch)
2 rote Paprikaschoten
4 rote Chilischoten
[illegible] g Paprika
3 g Kreuzkümmel
3 g Koriandersamen
3 g Cayennepfeffer
½ Bund Koriandergrün
2 Knoblauchzehen
100 ml Olivenöl

Glasierte Tomaten

Olivenöl in einer kleinen Pfanne erhitzen.

Tomaten, Knoblauch, Basilikum, Salz und Pfeffer darin anbraten. Das Ganze in eine Backform geben und in den Backofen schieben. Im heißen Backofen bei 85 °C 35 Minuten glasieren lassen.

Das Öl später nicht weggießen, sondern für die weiteren Zubereitungen aufbewahren.

Tapenade

Oliven mit Knoblauch, Sardellen und Kapern fein hacken.

Olivenöl einrühren und mit geriebenem Parmesan bestreuen.

Gegrilltes Gemüse

Zucchini in Scheiben schneiden, Auberginen längs schneiden.

Paprika putzen und vierteln.

Gemüse unter bzw. auf den heißen Grill legen.

Dort so lange grillen, bis das Gemüse dunkle Streifen hat.

Pfanne sehr heiß werden lassen, Öl hineingießen und das gegrillte Gemüse darin anbraten.

Wolfsbarschfilets

In einer beschichteten Pfanne die Filets bei starker Hitze anbraten.

Die Hitze reduzieren und den Fisch 2 bis 4 Minuten weitergaren.

Pro Teller ein Filet mit einer glasierten Tomate, einem Löffel Tapenade (und eventuell Harissa-Paste) und einigen Scheiben vom gegrillten Gemüse anrichten.

Harissa-Paste

Die roten Paprikaschoten putzen, anrösten und Haut abziehen. Die Schoten in einem Mixer mit den anderen Zutaten zu einer dicken Paste pürieren.

Lamm-Medaillons mit Rösti und Lavendelcreme

Für 6 Personen

6 ausgelöste Lammfilets à 240 g
Salz und frisch gemahlener Pfeffer
40 g Butter
2 EL Portwein
2 EL dunkler Kalbsfond

Rösti
1 kg Kartoffeln
Salz und frisch gemahlener Pfeffer
200 g geklärte Butter
1 TL gehackte Schalotten
2 EL Olivenöl
250 g Mischpilze

Lavendelcreme
250 g Crème fraîche
250 ml Geflügelfond
½ TL Lavendelblüten
25 g Butter

Das Fleisch salzen und pfeffern.

Die Filets in wenig heißer Butter anbraten und fertig garen.

Aus der Pfanne nehmen.

Überschüssiges Fett entfernen. Den Bratensaft einkochen lassen. Mit Portwein und Kalbsfond ablöschen. Einkochen lassen und mit der restlichen Butter montieren.

Rösti

Die Kartoffeln waschen und schälen. Sehr fein raspeln. Salzen und pfeffern. Kleine Fladen formen und auf beiden Seiten in geklärter Butter knusprig und goldbraun braten.

Die Schalotten im Olivenöl anbraten, Mischpilze dazugeben. Einige Minuten weiterbraten.

Die Medaillons mit der Sauce und etwas Lavendelcreme auf einem Servierteller anrichten.

Lavendelcreme

Crème fraîche mit dem Geflügelfond in einen Topf geben und bei milder Hitze auf die Hälfte einkochen.

Die Lavendelblüten einrühren, Topf vom Herd nehmen und Sauce 2 bis 3 Minuten ziehen lassen.

Zurück auf den Herd stellen und die Creme mit Butter montieren.

Geflügelleber-Parfait mit Chutney aus roter Zwiebel

Für 4 Personen

500 g Geflügelleber
2 Eier
1 Eigelb
[illegible] EL Cognac
1 Prise grobes Meersalz
1 Prise 5-Spice-Gewürz
225 g geklärte Butter

Parfait
250 ml Portwein
3 Lorbeerblätter
1 Thymianzweig
4 schwarze Pfefferkörner
4 Wacholderbeeren

Chutney aus roter Zwiebel
1 rote Zwiebel
Salz
2 EL Olivenöl
1 Thymianzweig
1 Lorbeerblatt
30 g Butter
1 Nelke
1 Zimtstange
1 Sternanis
30 g Zucker
120 ml Orangensaft
2 EL Sherryessig
120 ml Rotwein
½ TL Orangenzesten
5 EL Cranberrykonzentrat

Die Geflügelleber säubern und durch den Fleischwolf drehen.

Die Masse durch ein sehr feines Sieb streichen.

Eier, Eigelb und Cognac dazugeben.

Mit Salz und 5-Spice-Gewürz abschmecken und mit dem Schneebesen kräftig verrühren.

Die noch warme geklärte Butter dazugeben. Beiseitestellen.

Parfait

Alle Zutaten in einen Topf geben und auf die Hälfte einkochen lassen.
Die Flüssigkeit absieben und noch heiß in die Geflügelleber-Masse gießen.

Terrinenform mit Klarsichtfolie auslegen und die Lebermasse einfüllen.
Folie oben verschließen.

Terrine in ein heißes Wasserbad stellen, bei 90 °C im Ofen 45 Minuten garen lassen.

Die Garzeit richtet sich nach der Größe der Form.

Wenn das Parfait im Inneren 55 °C erreicht hat, ist es gar.

Chutney aus roter Zwiebel

Die Zwiebeln halbieren, in eine feuerfeste Form geben und mit Salz bestreuen, Olivenöl darüberträufeln, Thymian und Lorbeer dazugeben. Im Backofen 30 Minuten bei 170 °C garen. Anschließend die Zwiebeln schälen und in feine Scheiben schneiden.

Die Butter in einer heißen Pfanne schmelzen lassen, die Gewürze 1 Minute darin anbraten. Dann die Zwiebelscheiben dazugeben und 2 bis 3 Minuten braten.

Den Zucker hineinrühren, einkochen lassen. Mit 60 ml Orangensaft und Sherryessig ablöschen.

Nun Rotwein, restlichen Orangensaft, Orangenzesten und Cranberrykonzentrat hinzufügen.

So lange kochen, bis die gesamte Flüssigkeit eingekocht ist.

Apfel-Rhabarber-Crumble

Für 6 bis 8 Personen

Teigboden
2 Eier
10[illegible] g Zucker
[illegible]0 g Mehl
2[illegible] g Butter

Rhabarberkompott
[illegible] g Butter
15[illegible] g Zucker
250 g TK Rhabarber
1 Vanilleschote
70 g Maisstärke
1 EL kaltes Wasser

Apfelkompott
[illegible] g Butter
2[illegible] g Zucker
250 g Golden Delicious
25 g Rosinen
5 g gemahlener Zimt
[illegible] TL Rum
25 g Maisstärke
1 TL kaltes Wasser

Crumble
10[illegible] g Butter
[illegible]0 g Mehl
50 g Zucker

Teigboden

Die Eier in einer Rührschüssel verquirlen.

Den Zucker dazugeben und mit dem Rührbesen zu einer cremig-weißen Masse aufschlagen.

In einer weiteren Schüssel Mehl und Butter mit der Hand zu einem krümeligen Teig verkneten.

Beides mischen und eine Teigkugel formen.

Mindestens 2 Stunden in den Kühlschrank stellen.

Den Teig ausrollen und eine flache Kuchenform damit auslegen. Zurück in den Kühlschrank stellen. 15 Minuten vor dem Weiterverarbeiten wieder herausnehmen.

Rhabarberkompott

Die Butter in einem Topf schmelzen. Den Zucker dazugeben und karamellisieren lassen. Den Rhabarber mit dem ausgekratzen Vanillemark und der Restschote hinzufügen. Aufkochen.

Maisstärke mit kaltem Wasser anrühren. In das kochende Rhabarberkompott einrühren und andicken lassen.

Vom Herd nehmen und abkühlen lassen.

Apfelkompott

Die Butter in einem Topf schmelzen. Den Zucker dazugeben und karamellisieren lassen.

Die in Scheiben geschnittenen Äpfel mit Rosinen, Zimt und Rum hinzufügen und zum Kochen bringen.

Maisstärke mit kaltem Wasser anrühren. In das kochende Apfelkompott einrühren und andicken lassen.

Vom Herd nehmen und abkühlen lassen.

Crumble

Butter und Mehl mit der Hand gründlich vermengen.

Den Zucker dazugeben und so lange weiterkneten, bis Teigstreusel entstanden sind.

Anrichten

Die Vanilleschote aus dem Rhabarberkompott entfernen.

Kompotts vorsichtig vermengen und gleichmäßig auf dem Teig verteilen.

Das Ganze mit den Streuseln bedecken.

Im Ofen etwa 50 Minuten bei 180 °C goldgelb backen.

Aus dem Ofen nehmen.

Lauwarm oder kalt servieren.

Schokoladentorte

Für 4 Personen

Schokoladenbiskuit

16 Eier
450 g Puderzucker
[illegible]00 g Mehl
[illegible]0 g Kakao
200 g zerlassene Butter

Ganache

50 ml Schlagsahne
600 g geriebene Schokolade

Schokoladenbiskuit

Die Eier mit dem Zucker so lange schlagen, bis eine cremig-weiße Masse entsteht.

Mehl und Kakao vorsichtig hineinsieben, damit die Masse nicht in sich zusammenfällt. Kakao mit Mehl und geschmolzener Butter vorsichtig unterheben. Im Ofen 30 bis 35 Minuten bei 180 °C backen.

Aus dem Ofen nehmen und abkühlen lassen. Den Biskuit waagerecht in 3 Böden aufschneiden.

Eine Schicht Ganache auf den unteren Boden verteilen. Den Vorgang zweimal wiederholen. Aus hauchzart gehobelter oder abgezogener Schokolade eine Blüte formen und die Torte damit krönen.

Ganache

Die Sahne aufkochen. Langsam die geriebene Schokolade dazugeben, bis die Masse glatt und weich ist.

Schokoladenblume

Sie kann aus Kuvertüre hergestellt werden. Schokolade in einem Topf oder einer Metallschüssel schmelzen, die man über ein heißes Wasserbad stellt. Die geschmolzene Schokolade auf Backpapier gießen. Nicht verteilen. Völlig auskühlen lassen und dann mit einem großen Messer so abziehen, dass entweder eine Rosette entsteht oder längliche Rollen.

New Yorker Käsekuchen

Für 12 Personen

1[illegible]0 g Butter
450 g Spekulatius
450 g Frischkäse
2[illegible] g Zucker
3 Eier
2 El Vanilleextrakt
5 El Zitronensaft

Die Butter mit Spekulatius in einem Mixer zu einer dicken Paste verarbeiten.

Die Masse als Boden in eine Springform streichen.

Den Frischkäse sorgfältig mit dem Zucker vermengen. Nacheinander die Eier dazugeben. Danach Vanille und Zitronensaft unterrühren.

Auf den Teigboden streichen und im Wasserbad 45 bis 60 Minuten bei 150 °C stocken lassen. Zum Festwerden über Nacht in den Kühlschrank stellen.

Nach Wunsch mit pürierten roten Beeren servieren.

Elsässer Apfel-Tarte

Für 6 bis 8 Personen

Mürbeteig
500 g Mehl
Salz
12 g frische Hefe
250 g Butter
100 g Zucker
1 Ei
220 ml Wasser

Belag
1 Ei, 3 Eigelb
50 g Zucker
40 g Mehl
5 EL Milch
200 g Crème fraîche
2 EL Calvados
einige Tropfen Vanilleextrakt
6 Granny Smith

Mürbeteig

Das Mehl mit der Hefe und dem Salz mischen.

Die in kleine Würfel geschnittene Butter und den Zucker dazugeben.

Mit den Händen sorgfältig zu Streuseln verarbeiten.

Ein Ei dazugeben und langsam das Wasser unterarbeiten. Nur mit einer Hand verkneten.

Die Streusel zusammenkneten und eine Kugel formen.

Mindestens 2 Stunden im Kühlschrank ruhen lassen.

Den Teig ausrollen und eine Backform damit auslegen.

Belag

Für den Guss Ei und Eigelb mit Zucker so lange schlagen, bis eine cremig-weiße Masse entsteht.

Mehl, Milch, Crème fraîche, Calvados und Vanilleextrakt unterrühren.

Die Äpfel schälen, jeden in 6 Stücke teilen, dabei das Kerngehäuse entfernen.

Die Apfelspalten auf dem Teigboden verteilen.

Die Tarte 30 Minuten bei 200 °C ohne den Guss backen. Dann erst den Guss darübergießen und weitere 45 Minuten bei 160 °C backen.

Bei Zimmertemperatur abkühlen lassen.

GOLDEN LION

Golden Lion

Das Ale ist für die Briten das, was das Baguette für den Franzosen ist. Es waren die Wikinger, die bei ihren Invasionen im 9. Jahrhundert die Tradition des Brauens mitbrachten. Im England des Mittelalters wurde bereits allerorts gebraut. Und aus den Brauhäusern, den »Alehäusern«, wurden im Laufe der Zeit die heutigen »Public Houses«, in denen man zusammensitzt und trinkt. Im Jahre 1393 erließ König Richard II. dann ein Edikt, das verlangte, dass neue Brauereien von außen erkennbar sein müssen. Aus diesen Kennzeichnungen entstanden die berühmten Schilder, von denen eines schöner ist als das andere. Einige sind wirklich bemerkenswert. Manche beziehen sich auf Mitglieder des königlichen Hauses oder auf wilde Tiere. Am beliebtesten sind dabei die Löwen. Langsam verwandelten sich die Public Houses in Pubs. Und als im Jahre 1801 ein gewisser John Chadwell eine Handpumpe erfand, die direkt mit dem Bierfass verbunden war, konnte der wertvolle Saft direkt hinter dem Tresen gezapft werden.

Obwohl viele Erfindungen des 20. Jahrhunderts, darunter die des Fernsehapparats, diesen besonderen Ort, an dem alle sozialen Schichten aufeinandertreffen, gefährdet haben, ist es den Briten gelungen, ihre Tradition, auf die sie stolz sind, zu retten.

Das Golden Lion an Bord der QUEEN MARY 2 ist so ein Pub. Ein echter Pub. Mit den üblichen hohen Tischen aus dunklem Holz, mit rotem Leder bezogenen Polsterbänken und traditionellen Sesseln. Hier lässt sich das frisch gezapfte Guinness genießen, Darts spielen und Fish and Chips essen, gerade so wie in London. Das Einzige, was fehlt, ist die Tageszeitung, in die man sie an Land normalerweise einwickelt. Nichts hindert Sie also daran, zur Mittagszeit auf Deck 2 zu gehen und in eine der sympathischsten und geselligsten englischen Traditionen einzutauchen.

Fish and Chips

Für 4 Personen

5 g Backpulver
10 g frische Hefe
250 ml lauwarmes Wasser
[illegible]00 g Mehl
1 Prise Zucker
1½ EL Sonnenblumenöl
[illegible]0 ml Bier
1 EL Malzessig
4 Schellfischfilets à 200 g
1 EL Zitronensaft
Salz und frisch gemahlener Pfeffer
Sonnenblumenöl, geriebener Parmesan

Tatar-Sauce
1 Ei
1 EL Dijon-Senf
[illegible] EL Essig
1 Eigelb
[illegible]00 ml Öl
2[illegible] g Kapern
1 süßsaures Gürkchen
[illegible] Sardellen

Hefe und Backpulver im lauwarmen Wasser auflösen und in eine Rührschüssel geben.

Mit Mehl, Zucker, Öl, Bier und Essig zu einem flüssigen Teig verrühren. Beiseitestellen.

Die Schellfischfilets mit Zitronensaft beträufeln, salzen und pfeffern.

Die Fischfilets auf jeder Seite bemehlen und gründlich in den Backteig tauchen.

Etwa 6 bis 7 Minuten im auf 185 °C erhitzten Sonnenblumenöl goldbraun frittieren.

Mit der Tatar-Sauce, Pommes frites, etwas Parmesan und schwarzem Pfeffer servieren.

(Pommes frites: siehe Rezept für das Pfeffersteak auf Seite 116.)

Tatar-Sauce

Das Ei hart kochen.

In einer Schüssel Senf, Essig und Eigelb verrühren.

Öl langsam dazugießen, zu einer Mayonnaise aufschlagen.

Kapern, Gürkchen und Sardellen hacken.

In die Mayonnaise rühren.

Das hart gekochte Ei mit einer Gabel zerdrücken und zur Sauce geben.

Gut vermengen.

Fleischpastete im Teigmantel

Für 10 Personen

200 g Kalbfleisch aus der Unterschale
200 g Schweinefleisch aus der Unterschale
200 g Schweineschmalz
280 g Rehfilet, 1 EL Öl

Marinaden
4 EL trockener Weißwein
6 Knoblauchzehen
1 Rosmarinzweig
1 Thymianzweig
3 Lorbeerblätter
5 Wacholderbeeren
4 EL Rotwein

Pastetenteig
500 g Mehl
250 g Butter
2 g Bierhefe (wenn gewünscht)
1 Ei
200 ml Wasser

Pastetenfüllung
150 g Champignons
120 ml Cognac
3 Champignons
100 g Pistazienkerne
40 g Butter
2 Eier
100 g Schmand
Salz und frisch gemahlener Pfeffer
1 Eigelb

Gelee
12 Blatt Gelatine
1 l Consommé
(Rezept auf Seite 108)

Cumberland-Sauce
100 g rotes Johannisbeergelee
120 ml Cognac
120 ml roter Portwein
Saft von 1 Orange
Saft von 1 Zitrone
1 TL Orangenzesten
1 Prise Muskat

Marinaden

In einer Schüssel alle Zutaten für die erste Marinade verrühren: Weißwein, 3 Knoblauchzehen, Rosmarin, Thymian, Lorbeer und Wacholder.

Kalbfleisch, Schweinefleisch und Schweineschmalz hineinlegen.

In eine weitere Schüssel das Rehfilet in Rotwein mit dem restlichen Knoblauch einlegen.

Fleisch 30 Minuten marinieren lassen. Die Flüssigkeit abgießen. Wacholder, Lorbeer und Rosmarin aufbewahren.

Das Rehfilet rundum in einer sehr heißen Pfanne in Öl anbraten. Abkühlen lassen und beiseitestellen.

Pastetenteig

Mehl, Butter und gegebenenfalls Hefe zu einer Art Brotteig verkneten.

Ei und Wasser dazugeben. Verkneten und eine Kugel formen.

1 Stunde ruhen lassen.

Pastetenfüllung

Die Champignons ohne Fett im Ofen grillen, um den Pilzen die gesamte Feuchtigkeit zu entziehen.

Abkühlen lassen.

In einem Topf Cognac und die Gewürze aus der Marinade geben. Auf die Hälfte einkochen.

Die Flüssigkeit durch ein Sieb gießen und abkühlen lassen.

Das marinierte Kalbfleisch und Schweinefleisch hacken und in die Cognacreduktion geben.

Das gehackte Fleisch, Schweineschmalz, die 3 Champignons, Pistazien, Eier, Schmand, Salz und Pfeffer in eine Schüssel geben und grob vermengen.

Den Teig auf der bemehlten Arbeitsplatte 3 mm dick ausrollen.

Teigplatte für die Form passend zuschneiden. (Ideal wäre eine 30 cm lange, 7 cm breite und 10 cm hohe Terrinenform.)

Die Form gründlich fetten.

Die Form so mit dem Teig auskleiden, dass keine Lücken bleiben. Etwas Teig für den Deckel aufbewahren.

Ein Drittel der Hackfleischmischung auf den Teigboden in die Form streichen. Das Rehfilet auf die Mitte dieser Schicht legen.

Das zweite Drittel der Hackfleischmischung darauf verteilen.

Die gegrillten Champignons vorsichtig darauflegen und mit dem letzten Drittel der Hackfleischmischung bedecken.

Die Pastete mit dem restlichen Teig dicht verschließen. Es darf nirgends mehr eine Lücke sein.

Teigdeckel mit verquirltem Eigelb bestreichen.

Mit einem spitzen Messer zwei 1 cm große Löcher 5 cm von den Enden entfernt in den Teig schneiden.

Ofen auf 145 °C vorheizen. Die Pastete darin 40 Minuten backen. Soll das Fleisch stärker durchgegart sein, weitere 5 Minuten im Ofen lassen.

Abkühlen lassen. Kontrollieren Sie, ob die Kruste aufgebrochen ist. In diesem Fall mit etwas Butter verschließen, dann die Form bis zum Rand mit Gelee auffüllen.

Einige Stunden in den Kühlschrank stellen.

Cumberland-Sauce (extra dazu servieren)

Alle Zutaten zusammen aufkochen, die Sauce mit dem Schneidstab aufschlagen und durch ein Sieb gießen.

Chicken Makhani

Für 4 Personen

Marinade
4 Hühnerbrüste
15 g Tandoori-Paste
4 EL Naturjoghurt
5 g Garam Masala
5 g gehacktes Koriandergrün
Saft von 1 Limone
5 g Kichererbsenmehl
5 g Maisstärke, Öl

Chicken Makhani
[illegible]0 g Butter
2 Lorbeerblätter
2 Nelken
3 Kardamomkapseln
5 g Kreuzkümmelsaat
10 g Ingwerpaste
10 g Knoblauchpaste
10 g rote Chilipaste
50 g Mandelpüree
1 EL Tomatenmark
8 Fleischtomaten
marinierte Hühnerbrust (siehe oben)
100 g Schmand
15 g gemahlener Koriander
5 g Garam Masala
3 g Bockshornkleeblätter

Marinade

Jede Hühnerbrust in 5 Stücke schneiden.

Alle Zutaten der Marinade verrühren.

Die Hühnerstücke in die Marinade legen und dort 2 bis 3 Stunden ziehen lassen.

Das Fleisch in einer heißen Pfanne in wenig Öl oder unter dem Grill scharf anbraten.

Chicken Makhani

In einem Bräter ein Stückchen Butter zerlassen, Lorbeer, Nelken, Kardamom und Kreuzkümmel dazugeben.

Sobald die Gewürze zu knistern beginnen, Ingwerpaste, Knoblauchpaste, rote Chilipaste und Mandelpüree hinzufügen.

10 Minuten sanft schmoren lassen.

Das Tomatenmark, die geschälten, entkernten und gewürfelten Tomaten hineingeben.

Gut verrühren und das Ganze 1 Stunde auf dem Herd köcheln lassen.

Flüssigkeit absieben und auffangen.

Restliche kalte Butter in Stücken hineinschlagen. Schmand, gemahlenen Koriander, Garam Masala und Bockshornklee einrühren.

Die marinierten und gebratenen Hühnerteile in die Sauce legen.

Beef and Guinness Pie

Für 4 Personen

900 g ausgelöster Rindernacken
Salz und weißer Pfeffer
2 EL Olivenöl
4 Knoblauchzehen
6 Thymianzweige
400 g Zwiebeln
10 g brauner Zucker
3 EL Malzessig
1,5 l Guinness
500 ml dunkler Kalbsfond
500 ml Wasser
1 EL HP Sauce
3 EL Worcestershiresauce

Teig
500 g Mehl
weißer Pfeffer
2 g Backpulver
250 g Rindertalg
250 ml Eiswasser
1 Eigelb
etwas frisch geriebener Parmesan

Das Fleisch parieren und in 4 cm große Würfel schneiden. Salzen und pfeffern.

Das Olivenöl in einer Pfanne erhitzen und die Fleischstücke anbraten.

Sobald das Fleisch eine leicht goldbraune Farbe angenommen hat, gehackten Knoblauch und Thymian dazugeben, dann die fein geschnittenen Zwiebeln.

Wenn die Zwiebeln glasig gedünstet sind, den Zucker hineinstreuen und das Ganze bei milder Hitze karamellisieren lassen.

Mit Essig ablöschen.

10 Minuten sanft einkochen lassen.

Bier, Kalbsfond und Wasser zugießen.

60 bis 80 Minuten köcheln lassen, sodass das Fleisch zart wird.

Fleischstücke und Thymian herausnehmen. Die Sauce entfetten und im Mixer aufschlagen.

Sauce mit den Fleischstücken in die Pfanne zurückgeben.

Mit HP Sauce und Worcestershiresauce abschmecken.

Teig

Mehl mit 1 Prise Pfeffer und Backpulver vermischen.

Langsam den durch den Fleischwolf gedrehten Rindertalg unterarbeiten.

Das Eiswasser dazugeben und das Ganze zu einem Teig verarbeiten. Ausrollen.

Fleisch und Sauce in eine Form geben. Einen Teigdeckel darauflegen.

Mit Eigelb bepinseln, Parmesan darüberstreuen und pfeffern.

Im Ofen 20 Minuten bei 180 °C backen.

La Piazza

Die italienische Küche zählt zu den feinsten der Welt, und es gibt nur wenige Hauptstädte auf unserer Erde, die nicht das Glück haben, sich mehrerer Gourmet-Trattorien rühmen zu können. Es ist eine Küche, die sich immer mehr ausbreitet, weit über die Grenzen von Bella Italia hinaus. Kaum verwunderlich, nahm sie doch wie keine andere große kulinarische Entdeckungen in sich auf. So zum Beispiel die Nudeln und den Reis, die Marco Polo im 14. Jahrhundert aus China mitbrachte. Und im 15. Jahrhundert war es Christoph Kolumbus, der den Italienern eine Reihe exotischer Neuheiten vorstellte, darunter die Tomate. In den unterschiedlichen Regionen Italiens, wie der Toskana, dem Piemont, der Emilia Romagna und Apulien, entwickelte sich daraus schnell eine reichhaltige Küche, die auf exquisitem Geschmack, Einfachheit und Gastlichkeit beruht.

Es war keine geringere als Katharina de Medici, mit der diese Genüsse am Hof des Königs von Frankreich Einzug hielten, und die ihn damit von der Kost des Mittelalters befreite. Das aber war nur der erste Schritt, nun begann der eigentliche Siegeszug der italienischen Küche durch die ganze Welt. Heute kann man von Tokio bis New York, von Helsinki bis Kapstadt, wie die Römer essen und trinken.

Wen wundert es da, dass auch die QUEEN MARY 2 über ein italienisches Restaurant verfügt, welches sogar die anspruchsvollsten Gaumen zu befriedigen weiß.

Hier gibt es frische Pizza wie in Neapel, Risotto wie von der Mailänder Mamma, Spaghetti alla Puttanesca, Focaccia und eine Fülle von Antipasti. Jean-Marie Zimmermann hat eine Menü-Karte erstellt, die alle Genüsse Italiens wiedergibt: Tomaten und Auberginen, Pasta und Mortadella ... Das in den warmen Farben der Toskana und Liguriens gehaltene Restaurant führt den Gast quer durch Italiens Küchen. Und obwohl das Auge beim Speisen auf das Wasser des Atlantiks blickt, wähnen sich alle anderen Sinne irgendwo im Tyrrhenischen Meer.

Ricotta-Gnocchi mit Huhn und Schnecken

Für 4 Personen

Gnocchi

2[illegible]0 g Ricotta
[illegible]00 g Mehl
2 Eier
Salz und frisch gemahlener Pfeffer

Hühner-Confit

2 Hühnerkeulen
500 ml Öl
3 Knoblauchzehen
1 Zitrone
2 Thymianzweige
2 Rosmarinzweige
2 Lorbeerblätter
10 schwarze Pfefferkörner

Burro fuso

200 ml Geflügelfond
[illegible]0 g Butter
Salz und frisch gemahlener Pfeffer

Anrichten

2 EL Olivenöl
1 Knoblauchzehe
24 Schnecken
50 g Wildpilze
5 EL Weißwein
20[illegible] Brokkoli
40 g gehobelter Parmesan

Gnocchi

In einer Schüssel Ricotta, Mehl, Eier, Salz und Pfeffer zu einer festen Masse verarbeiten.

Die Gnocchi mithilfe einer Form oder mit zwei kleinen Löffeln formen.

Das Salzwasser zum Kochen bringen und die Gnocchi hineingeben.

Sobald sie an der Oberfläche schwimmen, abschöpfen und beiseitestellen.

Hühner-Confit

Die Hühnerkeulen mit Öl, Knoblauch, der geviertelten Zitrone, Thymian, Rosmarin, Lorbeer und den Pfefferkörnern in eine feuerfeste Form geben.

90 Minuten bei 130 °C im Ofen garen.

Die Hühnerkeulen herausnehmen und auf Küchenpapier abkühlen lassen.

Fleisch von den Knochen lösen und beiseitestellen.

Burro fuso

In einem Topf den Geflügelfond auf die Hälfte einkochen.

Mit der Butter montieren und mit Salz und Pfeffer abschmecken.

Anrichten

Olivenöl in eine Pfanne geben. Den angedrückten Knoblauch darin leicht andünsten. Dann die Schnecken und die Pilze dazugeben. Anbraten und mit Weißwein ablöschen.

Etwa 2 EL vom Hühnerfleisch, Burro fuso und Brokkoli dazugeben.

Einige Minuten köcheln lassen.

Das Ganze mit den heißen Gnocchi in kleinen Schüsseln anrichten. Parmesanspäne daraufgeben.

Kalbskoteletts mit Speckwürfeln und Vanillebirne

Für 4 Personen

4 Kalbskoteletts à 350 g
50 g Butter
150 g durchwachsener Räucherspeck
2 Birnen
2 TL gewürfelte Schalotten
120 ml Weißwein
120 ml Poiré (Birnenbrand)
120 g Risotto-Reis
2 EL Apfelessig
120 ml Geflügelfond
120 g Crème fraîche
¼ Vanilleschote
Salz und frisch gemahlener Pfeffer

Die Koteletts in 20 g Butter in einer Pfanne anbraten und 8 Minuten bei 180 °C im Ofen garen.

Den Räucherspeck würfeln. Eine Birne schälen und ebenfalls in Würfel schneiden.

Dann die Speckwürfel anbraten, das überschüssige Fett abgießen und Birnenwürfel, Schalotten, Weißwein und Poiré dazugeben.

Köcheln lassen und dann den Reis hinzufügen.

Immer wieder etwas von dem Essig und dem heißen Fond zugießen.

Köcheln lassen, bis die gesamte Flüssigkeit aufgesogen ist. Der Reis muss bissfest bleiben.

Am Ende der Garzeit die Crème fraîche dazugeben und abschmecken.

In einer Pfanne die restliche Butter schmelzen und die andere geschälte und in Scheiben geschnittene Birne rasch darin anbraten.

Das Vanillemark dazugeben.

Anrichten und heiß servieren.

Ravioli mit einer Füllung aus Enten-Confit und Steinpilz-Cappuccino

Für 4 Personen

Ravioli-Teig
500 g Mehl
Salz
4 Eier
2 EL Olivenöl

Madeira-Reduktion
1 Schalotte
100 ml Madeira
150 ml dunkler Kalbsfond
1 Thymianzweig

Enten-Confit
450 g Entenkeulen
3 Knoblauchzehen
2 Thymianzweige
1 Rosmarinzweig
250 g grobes Salz
200 g Entenschmalz

Steinpilz-Cappuccino
Olivenöl
[illegible] g Zwiebeln
15 g Sellerie
15 g Möhren
1 Thymianzweig
1 Knoblauchzehe
1 Lorbeerblatt
200 ml Weißwein
50 g getrocknete Steinpilze
200 ml Geflügelfond
90 ml Schlagsahne

Burro fuso
200 ml Geflügelfond
100 g Butter
Salz und frisch gemahlener Pfeffer

Ravioli-Teig

In einer Schüssel Mehl und Salz vermengen. Eier und Olivenöl dazugeben. Zu einem festen Teig verkneten und eine Kugel formen.

1 Stunde ruhen lassen.

Die Arbeitsplatte bemehlen und den Teig 3 mm dick ausrollen.

Madeira-Reduktion

Die fein gehackte Schalotte in einer Pfanne glasig dünsten. Mit Madeira ablöschen und auf die Hälfte einkochen lassen.

Den Kalbsfond mit dem Thymianzweig dazugeben. Bei milder Hitze einkochen lassen. Durch ein Sieb gießen und die Flüssigkeit auffangen.

Enten-Confit

Die Entenkeulen mit Knoblauch, Thymian und Rosmarin in eine Schüssel geben.

Mit Salz bedecken und über Nacht marinieren lassen.

Das Salz abstreifen und die Entenkeulen in einen Bräter geben. Mit Entenschmalz bedecken und im Backofen 90 Minuten bei 180 °C braten.

Die Keulen aus dem Fett nehmen und mit der Haut zerpflücken.

Steinpilz-Cappuccino

Öl in einer Pfanne erhitzen. Das in winzige Würfel geschnittene Gemüse dazugeben und andünsten. Thymian mit Knoblauch und Lorbeer dazugeben, danach Weißwein, Pilze, Geflügelfond und die Sahne zugeben. Auf die Hälfte einkochen lassen und durch ein Sieb passieren. Die Flüssigkeit auffangen und mit der Madeira-Reduktion vermischen.

Ravioli

Für die Ravioli kleine Confit-Häufchen auf einen Teigstreifen verteilen. Die Ränder anfeuchten und mit einem weiteren Teigstück bedecken. Ravioli ausschneiden und die Ränder festdrücken.

In kochendem Salzwasser garen.

Bissfest aus dem Wasser nehmen und in Butter schwenken. Etwas Burro fuso auf einem Teller verteilen, die Ravioli darauflegen und direkt vor dem Servieren mit Steinpilz-Cappuccino überziehen.

Burro fuso

In einem Topf den Geflügelfond auf die Hälfte einkochen lassen.

Den Fond mit Butter montieren und mit Salz und Pfeffer abschmecken.

Thunfisch-Tatar und Rinder-Carpaccio

Für 4 Personen

Thunfisch-Tatar
400 g roher Thunfisch
4 kleine Frühlingszwiebeln
15 g frischer Ingwer
5 Basilikumblätter
5 Korianderblättchen
10 Minzblätter
1 EL Sojasauce
2 EL Olivenöl
1 TL Sesamöl
1 EL Fischfond
Saft von 1 Zitrone
1 TL Reisessig

Rinder-Carpaccio
120 g Rinderfilet
2 EL Dijon-Senf

Salat
½ Daikon-Rettich
½ Salatgurke
4 Büschel Enokipilze

Dip
2 EL Mayonnaise
5 g Wasabi-Pulver
½ TL Reisessig
Salz und frisch gemahlener Pfeffer

Anrichten
2 g Trüffelbruch
etwa 10 Petersilienblätter
16 g gehobelter Parmesan

Thunfisch-Tatar

Den Thunfisch in kleine Würfel schneiden.

Die Frühlingszwiebeln fein würfeln und den Ingwer hacken.

Basilikum, Korianderblättchen und Minzblätter fein hacken.

Thunfischwürfel mit allen Zutaten in eine Schüssel geben.

Vermengen und ruhen lassen.

Rinder-Carpaccio

Das Rinderfilet mit dem Senf bestreichen.

In Klarsichtfolie einwickeln und in den Gefrierschrank geben.

Sobald das Filet hart gefroren ist, die Folie entfernen und das Fleisch in hauchdünne Scheiben schneiden.

Salat

Daikon-Rettich und Gurke in feine Streifen schneiden. Mit den gesäuberten Pilzen vermengen.

Dip

Mayonnaise mit Wasabi-Pulver und Reisessig verrühren. Mit Salz und Pfeffer abschmecken.

Anrichten

Auf vier Tellern Thunfisch-Tatar, Carpaccio und Salat anrichten. Die Carpaccio-Scheiben mit Trüffelbruch, fein gehackter Petersilie und Parmesan bestreuen.

Den Dip extra dazu servieren.

Räucherlachs-Lasagne

Für 4 Personen

Füllung

800 g Räucherlachs
100 g Parmesan
30 g Basilikumblätter
2 EL Olivenöl
25 g saure Sahne
5 EL Basilikumöl (siehe unten)
Salz und frisch gemahlener Pfeffer

Lasagneblätter

100 g Mehl
1 Prise Salz
1 Ei
5 EL Olivenöl
Wasser

Basilikumöl

30 g Basilikumblätter
5 EL Olivenöl

Mit dem Pastateig beginnen: Mehl und Salz in einer Schüssel vermengen. Das Ei dazugeben und zu einem Teig verkneten. Ist die Mischung zu fest, Wasser nach Gefühl unterarbeiten.

Zuletzt Olivenöl dazugeben. Eine Kugel formen und 30 Minuten ruhen lassen.

Die Arbeitsfläche bemehlen, den Teig ausrollen und in 4 für die Form passende Teigplatten schneiden.

Die Lasagneblätter 2 Minuten in kochendem Salzwasser garen.

Den Boden der Form mit Klarsichtfolie auslegen. 1 Lasagneblatt darauflegen. Mit einem Drittel Räucherlachsscheiben, Parmesanspänen und Basilikumblättern bedecken. Pfeffern. Das Ganze zweimal wiederholen. Die oberste Schicht bildet ein mit Öl bestrichenes Lasagneblatt.

Mit Klarsichtfolie abdecken und ein Gewicht auflegen, um die Lasagne zusammenzudrücken.

4 Stunden in den Kühlschrank stellen.

Die Lasagne mit saurer Sahne und Basilikumöl servieren.

Basilikumöl

Basilikum in heißem Wasser einige Sekunden blanchieren.

Die Blätter abtrocknen und mit dem Öl im Mixer pürieren. Durch ein feines Sieb streichen.

Zuppa Inglese

Für 12 Personen

Konditorcreme aus dunkler Schokolade

50 g Zucker
200 ml Milch
25 g Maisstärke
2 Eigelb
100 g dunkle Schokolade

Konditorcreme aus weißer Schokolade

50 g Zucker
150 ml Milch
25 g Maisstärke
2 Eigelb
100 g weiße Schokolade
50 g Mascarpone
1 TL Vanilleextrakt

Meringue

200 g Zucker
3 Eiweiß
30 g kandierte Früchte

Schokoladenbiskuit

4 Eier
100 g Zucker
75 g Mehl
25 g Kakaopulver

Vanillebiskuit

4 Eier
100 g Zucker
100 g Mehl
einige Tropfen Vanilleextrakt

Konditorcreme aus dunkler Schokolade

Den Zucker in der Milch bei milder Hitze auflösen.

Maisstärke mit dem Eigelb mischen, in die warme Milch geben und so lange rühren, bis das Ganze andickt.

Die dunkle Schokolade im Wasserbad schmelzen.

Die angedickte Eiermilch vom Herd nehmen und die geschmolzene Schokolade einrühren.

Konditorcreme aus weißer Schokolade

Den Zucker in der Milch bei milder Hitze auflösen.

Maisstärke mit dem Eigelb mischen, in die warme Milch geben und so lange rühren, bis das Ganze andickt.

Die weiße Schokolade im Wasserbad schmelzen.

Die angedickte Eiermilch vom Herd nehmen und die geschmolzene weiße Schokolade zusammen mit Mascarpone und Vanilleextrakt einrühren.

Meringue

Den Zucker in einer ofenfesten Form erhitzen. Eiweiß steif schlagen und dabei langsam den heißen Zucker einrieseln lassen.

Die kandierten Früchte in kleine Stücke schneiden und zum Schluss unter den Eischnee heben.

Schokoladenbiskuit

Die Eier mit dem Zucker in einer Schüssel zu einer cremig-weißen Masse aufschlagen.

Mehl und Kakao vorsichtig unterarbeiten.

Die Masse in eine Form mit einem Durchmesser von 30 cm geben und 30 Minuten bei 180 °C im Ofen backen.

Vanillebiskuit

Die Eier mit dem Zucker in einer Schüssel zu einer cremig-weißen Masse aufschlagen.

Mehl und Vanille vorsichtig unterarbeiten.

Die Masse in eine Form mit einem Durchmesser von 30 cm geben und 30 Minuten bei 180 °C im Ofen backen.

Zusammenstellen

Die Biskuits quer in 1 cm dicke Scheiben schneiden.

Schokoladenbiskuitscheibe mit einer Schicht dunkler Konditorcreme bestreichen, die zweite ebenso. Alles wiederholen, bis die ganze Konditorcreme und der Schokoladenbiskuit aufgebraucht sind.

Mit dem Vanillebiskuit und der hellen Konditorcreme ebenso verfahren.

Das Ganze mit der Meringue bedecken. Mit der Lötlampe anbräunen und vor dem Servieren in den Kühlschrank stellen.

Lotus

In der chinesischen Literatur wird dem Lotus reinigende Wirkung zugeschrieben, leuchtende Farben, große Anmut und angenehmer Duft.
Die zu unglaublicher Größe heranwachsenden Lotusblüten öffnen sich bei Tag und schließen sich zur Nacht. Nicht so auf der QUEEN MARY 2, denn dort entfaltet am Abend, wenn die Sonne im Ozean versinkt, das Lotus Ruhe und orientalische Gelassenheit in einem Teil des Kings Court.
Es ist das Reich der indischen, chinesischen und japanischen Genüsse.
Sollten Sie während der Reise plötzlich Verlangen nach Tempura oder Reisnudeln verspüren, sollte Ihnen nach echter Pekingente gelüsten oder nach Tandoori und Wok, dann müssen Sie das Lotus ausprobieren. Mit einem von Jean-Marie Zimmermann kreierten Menü nimmt Sie der Meister mit auf eine gastronomische Reise durch eine alle Gaumen verzaubernde Küche. Ob Citronella-Suppe mit Meeresfrüchten oder California Rolls, Sie werden dem Charme des Restaurants verfallen, dem einzigen, in dem die Benutzung von Essstäbchen Pflicht ist.

Lotus-Teller
Küchlein aus Krebsfleisch
Hummer-Bisque mit Kokosmilch
California Rolls
Pekingente
Tempura-Garnelen

Lotus-Teller

Für 4 Personen

Marinierte Schweinerippchen

1,[illegible] kg Schweinerippchen
1,5 l Wasser
1,5 l Rinderfond
130 ml Hoisin-Sauce
150 g Ingwer
100 ml Ketchup
30 g Sambal
1 kg in Würfel geschnittenes Gemüse (Möhren, Zwiebeln, Sellerie, Thymian und Lorbeer)
1 Knoblauchzehe
[illegible] Zitronengrasstangen

Sauce

300 ml Orangensaft
1 TL Zucker
1 TL Maisstärke

Frittierte Hühnerbrust

[illegible]0 g Hühnerbrustfilet
4 Stücke frischer Ingwer
4 Knoblauchzehen
40 g schwarze Bohnensauce
5 g Sambal
1 EL Fischsauce
Salz und frisch gemahlener Pfeffer
1 EL Sesamöl
3 EL Frittieröl
1 Zwiebel
Pfefferkörner

Frittierte Riesengarnelen

24 Riesengarnelen
Saft von 1 Zitrone
Schale von 1 Zitrone
1 EL Sesamöl
10 g frischer Ingwer
10 g Knoblauch
[illegible] scharfe Chilischote
1 EL Fischsauce
Salz und frisch gemahlener Pfeffer
5 EL Olivenöl
2 milde Zwiebeln, gehackt

Gebratene Nudeln

250 g Reisnudeln
3 Stücke frischer Ingwer
4 Knoblauchzehen
½ Möhre, in feinen Streifen
12 Schälerbsen
5 g Kurkuma
[illegible]00 ml Geflügelfond
[illegible]0 g rote Currypaste
1 EL Fischsauce
5 g Sambal
2 milde Zwiebeln, gehackt
1 hart gekochtes Ei

Marinierte Schweinerippchen

Die Rippchen mit allen Zutaten über Nacht marinieren lassen.

Am folgenden Tag Rippchen mit der Marinade 90 Minuten im Ofen bei 110 °C backen.

Die Rippchen nach 45 Minuten wenden.

Den Sud durch ein Sieb gießen und beiseitegestellt auffangen.

Die Rippchen weitere 10 Minuten bei 170 °C im Ofen schmoren lassen.

Sauce

Den Orangensaft mit dem beiseitegestellten Sud mischen.

Zucker dazugeben und so lange köcheln lassen, bis der Sud auf die Hälfte eingekocht ist.

Die Sauce mit Stärke binden.

Frittierte Hühnerbrust

Die Hühnerbrüste in Streifen schneiden und über Nacht in der Marinade aus gehacktem Ingwer, angedrücktem Knoblauch, Bohnensauce, Sambal, Fischsauce, Salz, Pfeffer und Sesamöl ziehen lassen.

Das Hühnerfleisch im sehr heißen Frittieröl anbraten. Aus der Pfanne nehmen und beiseitestellen.

In der Pfanne die gehackte Zwiebel mit den Pfefferkörnern andünsten, dann das Hühnerfleisch dazugeben. Schnell fertig braten.

Frittierte Riesengarnelen

Eine Marinade aus Zitronensaft, Zitronenschale, Sesamöl, gehacktem Ingwer, angedrücktem Knoblauch, Chili, Fischsauce, Salz und Pfeffer zubereiten.

Die Riesengarnelen in der Marinade mindestens 4 Stunden ziehen lassen. Dann im Olivenöl einige Minuten frittieren.

Mit den gehackten Zwiebeln auf einem Teller anrichten.

Gebratene Nudeln

Die Nudeln in kochendem Wasser garen und beiseitestellen.

Den Ingwer hacken, den Knoblauch andrücken, beides mit dem Gemüse rasch in der Pfanne anbraten.

Kurkuma zu dem angebratenen, noch knackigen Gemüse geben.

Geflügelfond, rote Currypaste, Fischsauce und Sambal in die Pfanne geben. Gut durchrühren, aufkochen und über die Nudeln gießen.

Nudeln und Gemüse noch einmal schnell erhitzen.

Abtropfen lassen. Mit den gehackten Zwiebeln und dem zerdrückten Ei servieren.

Anrichten

Alle Gerichte zusammen auf einer großen Servierplatte anrichten.

Küchlein aus Krebsfleisch

Für 4 Personen

350 g Krebsfleisch
½ rote Zwiebel, fein geschnitten
5 g frischer Ingwer, gehackt
5 g angedrückter Knoblauch
5 g grüne Paprikaschote, fein gehackt
1 Zitronengrasstange
Schale von 1 Zitrone
5 g rote Currypaste
Saft von 1 Zitrone
1 Ei
50 g Croûtons
Salz

Panierung
90 g Mehl
8 Eier
300 g Paniermehl
80 g Sesamsaat
Frittieröl

Alle Zutaten gründlich vermengen. Die Mischung in 4 Portionen teilen und diese in 4 antihaftbeschichtete Backformen geben.

Den Backofen auf 170 °C vorheizen und die Küchlein in den Formen 3 Minuten backen.

Aus den Formen nehmen, im Mehl wenden, dann im verquirlten Ei. Zuletzt im Paniermehl und der Sesamsaat wenden.

Die Küchlein in sehr heißem Öl goldbraun frittieren.

Hummer-Bisque mit Kokosmilch

Für 4 Personen

2 Hummerköpfe
1 kleine Möhre
1 Staudenselleriestange
1 rote Zwiebel
6 kleine Stücke frischer Ingwer
6 Knoblauchzehen
40 g Butter
2 EL Tomatenmark
15 g Tom-Yam-Chilipaste
5 g rote Currypaste
10 Kaffir-Limettenblätter
4 Zitronengrasstangen
400 ml Kokosmilch
1,5 l Wasser
250 g Crème fraîche
Salz und frisch gemahlener Pfeffer

Die Hummerköpfe der Länge nach spalten. Gründlich unter fließendem Wasser auswaschen.

Die Möhre klein würfeln. Selleriestange entfädeln und in Stücke schneiden. Rote Zwiebel und Ingwer grob hacken. Knoblauch schälen und hacken.

20 g Butter in einer Pfanne zerlassen. Die Hummerköpfe mit Möhre, Sellerie, Zwiebel, Ingwer und Knoblauch darin anbraten.

Sobald die Butter braun ist, Tomatenmark dazugeben.

Nun Chilipaste, rote Currypaste, Limettenblätter und Zitronengras zufügen. Weitere 3 Minuten schmoren lassen.

Kokosmilch und Wasser zugießen, die Hitze reduzieren und die Flüssigkeit auf die Hälfte einkochen lassen.

Im Mixer aufmixen. In die Pfanne zurückgeben und 3 Minuten köcheln lassen. Durch ein feines Sieb passieren und den Fond auffangen.

Den Fond wieder auf den Herd stellen, mit der restlichen Butter und der Crème fraîche montieren. Sehr heiß servieren.

Für 4 Personen

Sushi-Reis
2[illegible]0 g Sushi-Reis
[illegible]00 ml Wasser
200 ml weißer Essig
30 g Zucker
10 g Salz

California Roll
½ Noriblatt
40 g Sushi-Reis (siehe oben)
1 Streifen Avocado
1 Streifen Mango
1 Riesengarnele
1 Streifen Gurke

Philadelphia Roll
½ Noriblatt
40 g Sushi-Reis (siehe oben)
2 dünne Scheiben frischer Lachs
1 Streifen Gurke
1 Streifen Staudensellerie
1 EL Frischkäse

Gemüse-Maki
½ Noriblatt
40 g Sushi-Reis (siehe oben)
1 Streifen Daikon-Rettich
1 Streifen Möhre
1 Streifen Gurke

Gemischte Sushi-Rolle
½ Noriblatt
40 g Sushi-Reis (siehe oben)
1 Streifen Daikon-Rettich
1 Streifen Gurke
2 Garnelen
1 Streifen Möhre
1 EL Frischkäse

California Rolls

Sushi-Reis

Den Reis unter fließendem Wasser so lange abspülen, bis das Wasser klar bleibt.

Aufkochen und danach 15 bis 20 Minuten bei milder Hitze kochen lassen. Vom Herd nehmen.

Essig, Zucker und Salz vermengen.

Den heißen Reis daraufgeben, vermischen und abtropfen lassen.

Zubereitung

Jeweils das halbe Noriblatt anfeuchten.

Eine 2 mm dicke Reisschicht daraufgeben.

Die entsprechenden Zutaten für die jeweiligen Rollen darauf anrichten.

Zu Sushi- oder Maki-Rollen aufrollen.

In 2 cm dicke Scheiben schneiden.

Pekingente

Für 4 Personen

10 g frischer Ingwer, gehackt
10 g gehackter Knoblauch
10 g Koriandersaat
15 g 5-Spice-Gewürz
1 EL Sake
1 EL Mirin
2 EL Honig
2 TL Sojasauce
1 EL Sesamöl
Salz
4 Entenbrüste

Tamarinden-Sauce
100 ml Tamarindensaft
10 ml Sojasauce
2 Knoblauchzehen
2 Stücke frischer Ingwer
2 Schalotten
1 EL Zucker
5 g Maisstärke
50 ml Wasser
30 g grob gehackte Cashewnüsse

Sorgfältig aus allen Zutaten eine Marinade herstellen. Die Entenbruststücke hineinlegen und 2 bis 3 Stunden marinieren lassen.

In einer heißen Pfanne die Entenbrust auf beiden Seiten scharf anbraten. Nach einigen Minuten das Fleisch in den auf 170 °C vorgeheizten Ofen geben und 7 bis 8 Minuten garen lassen.

Tamarinden-Sauce

Den Tamarindensaft mit der Sojasauce, gehacktem Knoblauch und Ingwer, den geschnittenen Schalotten und Zucker in einen Topf geben. Auf die Hälfte einkochen lassen.

Maisstärke in kaltem Wasser auflösen und die Sauce damit binden. Vom Herd nehmen.

Die Cashewnüsse ohne Fett anrösten und in die Sauce geben.

Die Entenbruststücke auf Tellern anrichten. Die Sauce extra dazu servieren.

Tempura-Garnelen

Für 4 Personen

24 Garnelen
1 EL Knoblauchpaste
1 EL Ingwerpaste
1 EL Zitronensaft
[illegible] TL Sesamöl
Salz und frisch gemahlener Pfeffer

Tempura-Teig
200 g Vollkornmehl
100 g Maismehl
[illegible] l Eiswasser
1 EL Vollkornweizenmehl
Frittieröl

Die Garnelen schälen und entdärmen.

Knoblauchpaste, Ingwerpaste, Zitronensaft, Sesamöl, Salz und Pfeffer mischen.

Die Garnelen darin marinieren.

Tempura-Teig

Während die Garnelen marinieren, Vollkornmehl mit Maismehl in einer Schüssel vermengen und Eiswasser unterrühren, bis ein flüssiger Teig entstanden ist.

Die Garnelen im Mehl wenden und in den Tempura-Teig tauchen.

In sehr heißem Fett frittieren, bis sie Farbe annehmen.

The Carvery

Das Carvery ist eines jener Restaurants, wie man sie nur in Großbritannien findet. Es ist ein kulinarischer Leuchtturm in der See der britischen Gastronomie, wohin man seit alters her am Wochenende zum Essen ausgeht und sich etwas Besonderes gönnt. Hier gibt es den berühmten Sonntagsbraten, begleitet von Kartoffeln und Gemüse der Saison. Je nach Laune des Chefs stehen neben gängigen Gerichten mit Huhn, Lamm, Schwein oder Rind auch Ente, Moorhuhn oder Perlhuhn auf der Speisekarte.
Das Wichtigste dabei ist die berühmte Gravy. Diese Bratensauce besteht hauptsächlich aus mit Brühwürfeln angereichertem Bratensaft und Stärkemehl. Sie lässt sich mit Zwiebeln, Eiern oder Tomaten verfeinern. Mit Kaffee abgelöscht erhält man die Red-Eye Gravy.
Die QUEEN MARY 2 ohne solch ein Restaurant? Das wäre schlichtweg undenkbar! Dank seiner vielen Jahre in Großbritannien kennt Jean-Marie Zimmermann die Rezepte der traditionellen englischen Gerichte und hat sie an den Gaumen seiner Gäste angepasst.
Das Carvery befindet sich auf Deck 7 im Kings Court. Mit seiner bukolischen und plüschigen Atmosphäre eines englischen Landhausrestaurants könnte es anstatt auf See auch mitten in Sussex liegen. Jean-Marie hat sich dieses Restaurant speziell gewünscht, »weil die Engländer Meister des Fleischbratens sind. Sie wissen, wie man es bei niedriger Temperatur länger brät, damit das Fett schmilzt und dem Fleisch noch mehr Geschmack verleiht. Daher schmecken die länger durchgebratenen Fleischstücke einfach intensiver! Es sind die französisch angehauchten Saucen, die dem Ganzen einen besonderen Touch geben, denn die ursprünglich mit Mehl angedickten Saucen entsprechen nicht mehr der heutigen Zeit.« Ein Spitzenkoch muss sich eben der Traditionen und unterschiedlicher Kulturen bedienen können. Sie zu vereinen und an die Erfordernisse der Neuzeit anzupassen, ist eine seiner Stärken. Ein doppeltes Roastbeef im Carvery ist ein wahrhaft erinnernswerter Schmaus. Das Fleisch ist saftig und zart, mit dem richtigen Fettanteil. Im Gegensatz zu den Franzosen haben die englischen Farmer ihre Rinder immer auf Fleischertrag gezüchtet. Sie sollten gebraten und gegrillt werden und nicht hauptsächlich Milch für die Käsereien geben, wie in Frankreich. Der Genuss eines Stückes Fleisch von einem Angus- oder Hereford-Rind ist für den Liebhaber der gehobenen Küche immer ein ganz besonderer.

Lammcarré in Kräuterkruste

Für 4 Personen

2 Lammcarrés
Salz und frisch gemahlener Pfeffer
Öl
5 Knoblauchzehen
225 g Butter
2 Eigelb
25 g gehobelter Parmesan
300 g Paniermehl
20 g krause Petersilie
15 g Schnittlauch
15 g Rosmarinnadeln
50 g Dijon-Senf

Die Lammcarrés salzen und pfeffern.

In einer heißen Pfanne von allen Seiten in wenig Öl goldbraun anbraten.

Langsam abkühlen lassen.

Den gehackten Knoblauch glasig dünsten.

Butter, Eigelb, Parmesan, Knoblauch, Paniermehl, Petersilie, Schnittlauch und Rosmarin in einem Mixer mit Salz und Pfeffer zu einer Kräuterbutter verarbeiten.

Die Kräuterbutter auf eine Alufolie geben und zu einer Rolle formen.

Auswickeln und in Scheiben schneiden.

Die Lammcarrés mit Senf bestreichen und mit den Butterscheiben belegen.

Den Ofen auf 170 °C vorheizen. Das Lamm 12 Minuten darin braten, bis das Fleisch innen rosa ist.

Jeder Gast erhält ein halbes Lammcarré.

Schweinebraten in Cheddar-Hülle

Für 8 bis 10 Personen

15 g Petersilienblätter
5 g Thymianblätter
5 g Rosmarinnadeln
4 Knoblauchzehen
Öl
1,2 kg Schweinebraten
Salz und frisch gemahlener Pfeffer
250 g Butter
200 g Paniermehl
500 g weißer Cheddar
50 g Dijon-Senf
2 Eigelb
2½ EL Worcestershiresauce
Salz und frisch gemahlener Pfeffer

Petersilie, Thymian und Rosmarin fein hacken und vermengen.

Gehackten Knoblauch in wenig Öl andünsten.

Das Schweinefleisch salzen und pfeffern, dann rundum in wenig Öl in einer sehr heißen Pfanne goldbraun anbraten.

Butter, Kräuter, Knoblauch, Paniermehl, Cheddar, Senf, Eigelb und Worcestershiresauce vermengen.

Das Fleisch so in die Buttermasse wickeln, dass es 1 cm dick von der Masse umhüllt ist.

In den Backofen schieben und 35 Minuten bei 160 °C garen.

Vor dem Servieren 10 Minuten ruhen lassen.

Eier à la russe

Für 4 Personen

6 Eier
1 EL Weißweinessig
6 Scheiben Toastbrot
1 getrocknete Tomate
1[illegible] g Petersilie
5 g grobes Salz
50 g Vollkornweizenmehl
Frittieröl

Russischer Salat
1 Möhre
1 weißes Rübchen
1 kleine Kartoffel
[illegible]0 g Erbsen
1 TL saure Sahne
1 TL Mayonnaise
1 TL Dijon-Senf
2 Prisen gehackte Petersilie
2 Prisen Zitronenschalen

Petersilien-Vinaigrette
Einige Petersilienstiele, fein gehackt
2 Prisen Zitronenschalen
1 EL Olivenöl
Salz und frisch gemahlener Pfeffer

Eier à la russe

4 Eier in Essigwasser pochieren.

Toastbrotscheiben entrinden und zu Böseln zermahlen.

Die getrocknete Tomate fein würfeln, mit Bröseln, gehackter Petersilie und grobem Salz zu einer krümeligen Masse verarbeiten.

Die beiden restlichen Eier verquirlen. Die pochierten Eier vorsichtig in Mehl wenden, durch die verquirlten Eier ziehen und in der Tomaten-Brot-Mischung rollen.

Einige Sekunden frittieren, bis sie außen goldbraun und knusprig sind.

Russischer Salat

Das Gemüse schälen und in kleine Würfel schneiden. In kochendem Wasser etwa 5 Minuten kochen. Es muss noch bissfest sein.

Absieben. Saure Sahne, Mayonnaise, Senf, gehackte Petersilie und Zitronenschalen zu den Gemüsewürfeln geben.

Petersilien-Vinaigrette

Alle Zutaten vermengen. Abschmecken.

Ein Gemüsebett anrichten, die Eier darauflegen und die Petersilien-Vinaigrette darüberträufeln.

Lachspastete

Für 8 Personen

1 Lachsfilet à 1,2 kg
Salz und frisch gemahlener Pfeffer
20 Dillstiele
4 Knoblauchzehen
1 fein gewürfelte Zwiebel
30 g Butter
500 g blanchierter Spinat
400 g Champignons
6 Eier
250 g gekochter Reis
2 Scheiben Blätterteig
6 Pfannkuchen
1 Eigelb

Das Lachsfilet mit Salz und Pfeffer einreiben und dick mit fein gehacktem Dill bestreuen.

Den angedrückten Knoblauch mit den Zwiebelwürfeln in der Butter glasig dünsten.

Den Spinat kurz darin dünsten, herausheben, dann die in feine Scheiben geschnittenen Champignons dazugeben. Beiseitestellen.

Die verquirlten Eier als Rührei braten.

Reis mit den Champignons in eine Rührschüssel geben und gründlich vermengen.

Eine Blätterteigscheibe auf der Arbeitsplatte ausrollen. Mit 3 Pfannkuchen belegen. Darauf die Hälfte der Reis-Champignon-Mischung schichten, dann eine Lage aus der Hälfte von Spinat und Rührei daraufgeben. Mit dem Lachsfilet bedecken.

Das Ganze in umgekehrter Reihenfolge auf dem Lachsfilet wiederholen.

Mit der zweiten Blätterteigscheibe abdecken und gut verschließen. Mit verquirltem Eigelb bestreichen.

Im Backofen 20 Minuten bei 170 °C backen.

Sommerpudding

Für 4 bis 6 Personen

100 g TK-Erdbeeren
100 g TK-Blaubeeren
100 g TK-Himbeeren
100 g TK-Brombeeren
300 g Zucker
1 Orange
½ Zitrone
1 Prise gemahlener Zimt
5 EL Cointreau
1 Toastbrot
100 g Crème fraîche

Erdbeeren, Blaubeeren, Himbeeren und Brombeeren in eine Schüssel geben.

Den Zucker, die geviertelte Orange, die halbe Zitrone, Zimt und Cointreau dazugeben.

So lange kochen, bis der Zucker völlig aufgelöst ist.

Vom Herd nehmen, Orangenstücke und Zitronenhälfte herausnehmen. Früchte und Saft trennen.

Je Auflaufförmchen aus dem Toastbrot 2 Kreise als Boden und Deckel herausschneiden und einen langen Streifen für die Umrandung.

Böden, Umrandungen und Deckel mit dem Saft tränken. Förmchen mit Böden und Umrandungen auskleiden.

Mit den Beeren füllen und mit den Deckeln verschließen.

Über Nacht in den Kühlschrank stellen.

Mit einem kleinen Messer aus den Förmchen lösen und jeden Pudding in der Mitte eines Tellers geben.

Mit leicht aufgeschlagener Crème fraîche servieren.

Bread and Butter Pudding

Für 4 Personen

8 Scheiben Rosinenbrot,
ca. 1 cm Dicke
[illegible]0 g Butter
4 EL Rumrosinen
10 g gemahlener Zimt
500 ml Vollmilch
400 ml Schlagsahne
4 Eier
[illegible]0 g Zucker
etwas Vanilleextrakt
etwas geriebener Muskat

Die Aufflaufförmchen buttern.

Die Brotkruste abschneiden. Jede Scheibe mit Butter bestreichen und in Würfel schneiden.

Die Rumrosinen mit den Brotwürfeln vermengen.

Die Rosinen-Brot-Mischung auf dem Boden der Auflaufförmchen verteilen.

Mit Zimt bestreuen und beiseitestellen.

Die Milch mit der Sahne bei milder Hitze erwärmen. Nicht aufkochen lassen.

Die Eier in eine Schüssel aufschlagen, 60 g Zucker hinzufügen und so lange rühren, bis eine cremig-weiße Masse entsteht. Die heiße Milch unter ständigem Rühren hineingießen.

In die Förmchen gießen, mit Muskat und dem restlichen Zucker bestreuen.

30 Minuten ruhen lassen.

Die Förmchen in den Ofen schieben und 30 bis 40 Minuten backen, bis die Creme eingekocht und die Oberseite goldbraun ist.

Fondants au chocolat

Für 4 Personen

250 g dunkle Schokolade
250 g Butter
1 Ei, 4 Eigelb
1[illegible]0 g Zucker
50 g Mehl
20 g Maisstärke

Schokolade und Butter im Wasserbad schmelzen.
Sobald eine homogene Masse entstanden ist, aus dem Wasserbad nehmen.
Ei, Eigelb und Butter zu einer cremig-weißen Masse aufschlagen.
Nach und nach Mehl und Maisstärke dazugeben.
Kräftig weiterschlagen und dabei die Schokoladen-Butter-Mischung unterrühren.
Die Förmchen mit Pergamentpapier auslegen.
Teig in die Förmchen füllen und im heißen Ofen 12 Minuten bei 170 °C backen.
Sobald ihre Oberfläche kross ist, sind die Fondants fertig.
Aus dem Ofen nehmen, 2 Minuten ruhen lassen und aus den Förmchen lösen.
Die Fondants mit Vanillecreme, einer Kugel Vanilleeis oder Püree aus roten Früchten servieren.

Tea Time & Breakfast

Sei es kontinental oder englisch, sei es in der Kabine serviert oder im Speisesaal eingenommen, das Frühstück ist und bleibt nach Meinung der Ernährungsexperten die wichtigste Mahlzeit des Tages. An Bord der QUEEN MARY 2 gibt man sich selbstverständlich jede erdenkliche Mühe, es zu einem unvergesslichen Erlebnis zu machen. Jede Nacht wird in der Bäckerei gearbeitet, um alle Arten von Brot, Brioches und feinem Gebäck aus aller Herren Länder herzustellen. Aufmerksam bereiten die Chefs Eier jeder Art zu, ob Rühreier, Spiegeleier oder auf den Punkt gekochte weiche Eier. Jeden Frühstückswunsch lesen sie Ihnen von den Augen ab. Auch der Nachmittag ist eine ganz besondere Zeit auf der QUEEN MARY 2, denn da deckt das Servicepersonal an strategisch gewählten Stellen, darunter auch im Queens Room, Tische mit Tassen, Untertassen, kleinen Tellern und Teekannen. Es ist Tea Time an Bord – und die ist heilig. Nie wird sie ausgelassen, mit ihren Lachs- und Gurken-Sandwiches und natürlich auch den köstlichen heißen Scones!

Scones

6 Stück

225 g Mehl
50 g Zucker
60 g Butter
1 Ei
15 g frische Hefe
14[illegible] g Schmand
[illegible] g Rosinen
einige Tropfen Vanilleextrakt
1 Eigelb

Das Mehl mit Zucker, gewürfelter Butter, Ei und frischer Hefe vermengen.

Zu einem krümeligen Teig verkneten.

Schmand, Rosinen und Vanilleextrakt dazugeben und weiterkneten. Sobald der Teig geschmeidig ist, eine Teigkugel formen. Mindestens 1 Stunde im Kühlschrank ruhen lassen.

Den Teig dick ausrollen und mit einem runden Ausstecher Kreise ausstechen.

Die Stücke auf ein mit Backpapier belegtes Backblech legen.

Die Scones mit Eigelb bestreichen und 10 bis 12 Minuten bei 210 °C goldgelb backen.

Noch heiß mit Schlagsahne und Erdbeer- oder Blaubeerkonfitüre servieren.

Eier Benedict

Für 4 Personen

1 l Wasser
200 ml Weißweinessig
4 Eier
100 g geräucherter Schellfisch
100 g Schmand
4 Scheiben Speck
4 Toasties
Salz und frisch gemahlener Pfeffer

Sauce hollandaise
2 Eigelb
100 ml Weißwein
2 EL Estragonessig
100 g Butter
½ Schalotte
Salz und frisch gemahlener Pfeffer

Wasser und Essig in einen Topf geben. Aufkochen und dann die Hitze reduzieren.

Die Eier einzeln nacheinander aufschlagen und vorsichtig ins Wasser gleiten lassen. 1 Minute pochieren. Mit einer Schaumkelle herausnehmen. Sofort in Eiswasser legen, um den Garprozess zu stoppen. Beiseitestellen.

Den Schellfisch in kleine Würfel schneiden. Den Schmand erwärmen, nicht kochen.

Die Schellfischwürfel dazugeben und sanft erhitzen, bis der Schellfisch knusprig wird.

Sauce hollandaise

Eigelb, Wein und Essig in eine Schüssel geben.

In ein Wasserbad stellen und unter Rühren zu einem dicklichen Sabayon aufschlagen. Vom Herd nehmen.

Die Butter langsam zerlassen und vorsichtig über dem Wasserbad in den Sabayon einrühren. Die fein geschnittene Schalotte unterrühren und das Ganze abschmecken.

Eine Scheibe gegrillten Speck auf ein getoastetes Toastie legen. Dann etwas Schellfisch daraufgeben. Zum Schluss kommt ein pochiertes Ei und darüber die Sauce hollandaise.

Pancakes

Für 4 Personen

340 g Mehl
25 g Zucker
5 g Salz
10 g frische Hefe
3 Eier
750 ml Milch
50 g Butter
1 TL Bier
Öl
Ahornsirup

Mehl, Zucker, Salz und Hefe in einer Schüssel vermengen.

In einer weiteren Schüssel Eier mit Milch, 25 g zerlassener Butter und Bier verschlagen.

Den Inhalt beider Schüsseln mischen und eine homogene Masse herstellen. Dann die restliche Butter unterarbeiten.

Eine passende Pfanne ölen.

Sobald sie heiß ist, 3 EL Teig hineingeben. Einen Pancake mit einem Durchmesser von 10 cm backen. Mit dem restlichen Teig ebenso verfahren.

Auf jeder Seite etwa 3 bis 4 Minuten goldbraun werden lassen.

Warm mit Ahornsirup servieren.

Grundrezepte

Rinderfond

Für 2 Liter

5 EL Öl
200 g Möhren
200 g Zwiebeln
200 g Champignons
200 g Staudensellerie
100 g Porree
4,5 kg Rinderknochen
11 l Wasser
3 Rosmarinzweige
3 Lorbeerblätter
2 Petersilienstiele
schwarze Pfefferkörner

Das in Würfel geschnittene Gemüse in einer Pfanne im Öl andünsten und das Ganze in einen großen Topf geben.

Die Rinderknochen im Backofen leicht anrösten.

Das Fett abschöpfen und die Knochen zum Gemüse in den großen Topf geben.

Das Wasser, Kräuter und den Pfeffer hinzufügen und alles zum Kochen bringen.

Bei milder Hitze 6 bis 7 Stunden kochen lassen.

Gelegentlich den sich bildenden Schaum abschöpfen.

Den Fond durch ein Spitzsieb gießen, damit der Fond klar wird.

Nach dem Abkühlen kann der Fond eingefroren werden.

Lammfond

Für 2 Liter

10 kg Lammknochen
3 Zwiebeln
2 Stangen Porree
1 Staudenselleriestange
3 Möhren
1 Bouquet garni
2 Lavendelzweige
36 l Wasser
3 l Rotwein
500 g Tomatenmark

Die Lammknochen 30 Minuten im Backofen bei 180 °C rösten lassen.

Das Gemüse waschen und putzen. In etwa 1 cm große Würfel schneiden.

Dann etwa 15 Minuten ohne Fett in einer Pfanne anbraten.

Das Gemüse mit den Lammknochen, dem Bouquet garni, den Lavendelzweigen und Wasser in einen großen Topf geben. 6 bis 8 Stunden köcheln lassen, dabei gelegentlich das Fett abschöpfen.

Die Brühe durch ein Spitzsieb gießen und bei milder Hitze auf die Hälfte einkochen lassen. Dann Rotwein und Tomatenmark dazugeben.

Ein weiteres Mal auf die Hälfte einkochen lassen.

Wieder durch ein Spitzsieb geben und bei milder Hitze weiterkochen lassen, bis der Fond auf 2 Liter reduziert ist.

Nach dem Abkühlen kann der Fond eingefroren werden.

Für ½ Liter

1,5 kg Hühnerflügel
2 l Wasser
3 Staudenselleriestangen
2 große Möhren
1 Stück Porree (das Weiße)
2 große Zwiebeln, geschält
10 Knoblauchzehen
1 Thymianzweig
25 g Kochsalz

Geflügelfond

Die Hühnerflügel mit dem Wasser in einen Topf geben.

Das Ganze zum Kochen bringen und gelegentlich das Fett abschöpfen.

Sellerie, Möhren, das Weiße vom Porree und die Zwiebeln zerkleinern.

Das Gemüse mit Knoblauch, Thymian und Kochsalz zu den Hühnerflügeln geben.

Das Ganze zum Kochen bringen und bei milder Hitze 4,5 Stunden einkochen lassen.

Gelegentlich das Fett abschöpfen.

Den Fond durch ein kleines Spitzsieb gießen und bei Zimmertemperatur abkühlen lassen.

Den Fond in Eiswürfelformen gießen und einfrieren.

Er ist für viele Rezepte einsetzbar.

Für 2 Liter

10 kg Kalbsknochen
3 Zwiebeln
2 Stangen Porree
1 Staudenselleriestange
3 Möhren
36 l Wasser
3,5 l Rotwein
500 g Tomatenmark

Dunkler Kalbsfond

Die Kalbsknochen 30 Minuten bei 180 °C im Backofen anrösten.

Das Gemüse waschen und putzen.

In etwa 1 cm große Würfel schneiden.

Die Gemüsewürfel in einer beschichteten Pfanne ohne Fett 15 Minuten dünsten.

Dann die Gemüsewürfel mit den Kalbsknochen und dem Wasser in einen großen Topf geben.

Das Ganze 6 bis 8 Stunden köcheln lassen und gelegentlich das Fett abschöpfen.

Den Fond durch ein Spitzsieb gießen und auffangen.

Das Ganze bei milder Hitze auf die Hälfte einkochen lassen und dann Rotwein und Tomatenmark hinzufügen.

Alles noch einmal auf die Hälfte einkochen lassen.

Erneut durch ein Spitzsieb gießen und den Fond so lange weiterköcheln lassen, bis er auf 2 Liter reduziert ist.

Der Fond kann nach dem Abkühlen eingefroren werden.

Glossar

Bockshornkleeblätter

Es ist im Westen kaum bekannt, dass man die Blätter des Bockshornklees wie junge Spinatblätter verwenden kann. Sie geben den Gerichten Aroma, können aber auch als Beilage gereicht werden. Ihr scharfer, etwas bitterer Geschmack ähnelt dem des Selleries. Bockshornklee wird nachgesagt, dass er gesund sei. Seine dunkelgelben Samen sind in Südasien als Gewürz sehr beliebt und werden hauptsächlich in Currys eingesetzt.

Cajun-Gewürz

Diese explosive Gewürzmischung wird vor allem in New Orleans, dem Herzen der kreolischen und Cajun-Küche verwendet. Sie gibt den lokalen Gerichten, wie Gombos, Jambalayas und gebratenem Fleisch das gewisse Etwas. Die Cajun-Mischung besteht aus Knoblauch, Zwiebeln, schwarzem und weißem Pfeffer, Cayennepfeffer, Kreuzkümmel, Thymian, Paprika und Oregano – die ideale Würze für Fleisch und Fisch.

Filoteig

Bis heute streiten sich Griechenland und die Türkei darüber, wer diese knusprigen, extrem dünnen Teigplatten erfunden hat. Er wird aus Weißmehl, Öl, Salz und Wasser hergestellt. Nicht zu verwechseln mit dem nordafrikanischen Brickteig, der aus Durumweizenmehl gefertigt wird. Aufgrund der Geschichte Frankreichs ist Brick dort üblicher als im Rest Europas.

Fischsauce

Manchmal vergleicht man sie mit Worcestershiresauce, mit der sie einiges gemein hat. Beide bestehen im Grunde aus Sardellen, Salz und Wasser und werden lange fermentiert. Aber hier enden schon die Gemeinsamkeiten. In Thailand und anderen Ländern Südasiens ersetzt sie das Salz. In Ragouts, Suppen und Saucen ist sie mit Vorsicht einzusetzen, weil sie sehr intensiv schmeckt.

Frischkäse

Frischkäse ist ein typisch amerikanisches Produkt und trägt dort den auch in Deutschland bekannten Namen Philadelphia. Hierzulande wird Frisch- oder Rahmkäse unter verschiedenen Handelsnamen von einigen Herstellern auf den Markt gebracht, nicht so in Frankreich, wo er kaum erhältlich ist. Laut Aussage des Chefkochs Pierre Hermé behilft man sich dort mit Kiri-Frischkäse und rührt ihn mit etwas Sahne an. Damit kommt man dem Geschmack des Originals am nächsten.

Garam Masala

»Garam« heißt auf Hindi »heiß« und »Masala« bezeichnet eine Mischung. Sie ist ganz leicht zu Hause herzustellen, indem man Kardamom, Zimt, Kreuzkümmel, Koriander, schwarzen Pfeffer, Muskat, Nelken und Lorbeerblätter mischt und zermahlt. Will man Gerichten noch mehr Schärfe geben, kommen noch rote Pfefferschoten hinzu. Am besten streut man die scharfe Mischung direkt vor dem Servieren über das Gericht. Garam Masala eignet sich besonders für helles Fleisch, Geflügel, Lamm und auch Reis. Masalas verlieren sehr schnell ihr Aroma. Man sollte sie deshalb in kleinen Portionen herstellen und schnell verbrauchen.

HP Sauce

Die Zusammensetzung dieser berühmten englischen braunen Sauce – aus Großbritannien nicht wegzudenken – ist seit 1896 ein sorgsam gehütetes Geheimnis. Nur einige Zutaten sind dem Verbraucher bekannt: Malzessig, Datteln und Gewürze ... Sie ist eine gute Begleiterin zu Salatsaucen, Schmorgerichten und gebratenem Fleisch. Es gilt sie vorsichtig einzusetzen, da ihr Geschmack ziemlich prägnant ist.

Maisstärke

Sie ist in vielen Lebensmitteln wie Milchprodukten, Backwaren, Fruchtzubereitungen (Kompotten) und Marmeladen enthalten. In der Küche wird Maisstärke (Maizena) dem Weizenmehl vorgezogen, wenn es um das Eindicken von Saucen und die Herstellung von leichtem, luftigem Gebäck geht.

Malzessig

Dieser Essig wird in England hoch geschätzt, ist im Rest Europas aber kaum bekannt. Wie der Name schon verrät, besteht er aus Malz, genauer aus Gerstenmalzextrakt. Für Salatdressings schmeckt er zu intensiv. Zu Fish and Chips passt er hingegen hervorragend. Auch für Marinaden, sauer eingelegtes Gemüse und zum Kochen ist er wunderbar.

Minzsauce

Diese süßsaure Sauce ist für viele der Inbegriff der englischen Küche und ist wesentlicher Begleiter eines guten Lammbratens. Die Briten lieben das Zeug, dem Rest der Welt geht es nicht so. Minzsauce besteht aus fein gehackten Minzblättern, die mit Malzessig, einer Prise Salz, Zucker und einem Tropfen Wasser verrührt werden. Manche fügen noch frischen Zitronensaft hinzu.

Mirin

Dieser delikate japanische Wein wird aus Rundkornreis, Weinhefe, Zucker, Wasser und Gewürzen zu Alkohol vergoren. Er ist eine grundlegende Zutat für Suppen und Salatdressings. Wenn man ihn direkt vor dem Servieren hinzufügt, gibt dieser Sake der Speise Süße und einen Hauch Karamell. Man kann Mirin zwar auch durch die gleiche Menge Zucker ersetzen, Wunder sollte man dann aber nicht erwarten!

Miso-Paste

Miso-Paste besteht aus fermentierten Sojabohnen, Gerste oder Reis sowie Salz und Wasser. Mit ihr lassen sich Suppen, Saucen und marinierter Fisch geschmacklich hervorragend verfeinern. Dank ihres vollmundigen Geschmacks spielt sie eine Hauptrolle in der japanischen Küche. Für den Einstieg empfiehlt sich Shiro-Miso, eine relativ milde weiße Miso-Paste. Aka, die rote Paste, ist schärfer.

Noriblätter

Dies ist wahrscheinlich die bekannteste Zutat der japanischen Küche. Diese Algenblätter werden getrocknet und unter Infrarotlampen geröstet. Nori wird in Japan seit undenklichen Zeiten für Maki und Sushi verwendet. Sie sind in vielen Varianten erhältlich. Am besten sind glänzende, dunkle, knusprig-trockene Blätter. Wegen ihres neutralen Geschmacks können sie für viele Gerichte eingesetzt werden.

Paksoi

Dieser chinesische Kohl ist inzwischen zum Lieblingsgemüse der Chefs auf der ganzen Welt avanciert. Sie schätzen seinen Geschmack, der nicht so intensiv und weniger bitter ist als der seines europäischen Bruders. Paksoi kann man sowohl in der Pfanne braten als auch roh oder gedünstet verzehren.

Sambal

Sambal bringt uns nach Indonesien. Diese aus roten Pfefferschoten, geriebenen Zwiebeln, Limonensaft, Essig, Salz und Zucker hergestellte Paste sollte vorsichtig verwendet werden, denn sie ist sehr intensiv. Wer von Ihnen Couscous mag, kennt die Harissa-Paste. Sie kann Sambal ersetzen.

Schwarze Bohnensauce

Die Chinesen verwenden diese Sauce schon seit Hunderten von Jahren. Sie besteht aus getrockneten und fermentierten schwarzen Bohnen, Weizen und Wasser. Ihr salziger, leicht würziger Geschmack passt hervorragend zu gebratenem Kalbfleisch oder Rindfleisch. Auch zu hellem Fischfleisch macht sie sich gut.

Sojasauce

Sojasauce ist die Grundwürze der chinesischen und japanischen Küche. Sie wird aus Sojabohnen, Weizen, Salz und Mirin hergestellt. Sojasauce gibt den Speisen Würze und das nötige Salz. Sie wird zu Sushi, Maki und Tempura gereicht. Außerdem ist sie die Grundlage für Marinaden und gibt Suppen den gewissen Pfiff.

Tandoori-Paste

Der südasiatische Tandoori ist ein mit Holzkohle beheizter Backofen aus Ton, in dem hauptsächlich Fleisch zubereitet wird. Entsprechend ist Tandoori-Paste die Grundlage für die Marinade. Sie enthält milde und stärker schmeckende Gewürze. Die lebhaft rote Paste, mit dem das ganze Fleisch vor dem Braten eingerieben wird, besteht aus Zwiebeln, Sonnenblumenöl, Ingwer, verschiedenen Gewürzen, Branntweinessig, Knoblauch, Salz und Zitronensaft. Diese Mischung verleiht auch dem einfachsten Gericht Würze und Farbe. Sie wird viel für Bratengerichte und Grillfleisch verwendet. Inzwischen gibt es sie fast überall zu kaufen, sei es als fertige Paste oder als Pulver, das erst mit Joghurt angerührt werden muss.

Tobiko

Tobiko ist das aktuelle Modeprodukt in den Vereinigten Staaten überhaupt. Die Spitzenköche erfinden derzeit immer neue Rezepte oder variieren bekannte mit dieser neuen Kaviarsorte. Die winzigen, zart orangefarbenroten Eier stammen vom fliegenden Fisch. Tobiko wird in Japan hergestellt und wird häufig für Sushi, Saucen und Dips verwendet.

Worcestershiresauce

Die Liebhaber von Steak tatare, Caesar salad und Bloody Mary wissen diese dunkle und pikante Sauce seit Langem zu schätzen. Sie besteht aus einer Melassemischung von den Antillen, Fleischextrakten, Schalotten, Sardellen und verschiedenen Gewürzen, aber das wirkliche Rezept ist absolut geheim. Wie sie hergestellt wird, bleibt ein sorgsam gehütetes Geheimnis. Diese Würze hat eine ganz besondere Geschichte. Lord Sandy, ein ehemaliger Gouverneur der indischen Provinz Bengalen, der nach seiner Rückkehr nach England die Geschmacksfülle des Landes sehr vermisste, ließ die Sauce 1837 zum ersten Mal in Worcester, England, herstellen. Doch manchmal laufen die Dinge anders als geplant – so auch hier. Denn die hergestellte Mischung war so ungenießbar, dass man das Fass zur Seite stellte und einige Jahre im Keller vergaß. Als man es drei Jahre später wiederfand, hatte sich der Inhalt in etwas außergewöhnlich Schmackhaftes verwandelt. Die Worcestershiresauce ist hervorragend geeignet für Salatsaucen, Suppen, gegrilltes Fleisch und Meeresfrüchte.

Danksagung

Mein besonderer Dank gilt Suzanne Zimmermann, die mich zu diesem Buch ermuntert hat. Danke für deine Beiträge und dass du mir beratend zur Seite gestanden hast. Danke an meine bezaubernde Tochter Elise Zimmermann für ihren künstlerischen Beitrag und ebenso an Jean-François Mallet für seine wunderbaren Fotografien.

Des Weiteren möchte ich mich bei dem *Cunard*-Marketing-Team in Southampton bedanken, insbesondere bei Richard Curtis.

Last, but not least bedanke ich mich bei meinem *Cunard*-Chef-Team, bei meinen Kollegen und den Restaurant-Teams. Ihr seid die Größten!

Jean-Marie Zimmermann

Porträt von Jean-Marie Zimmermann, gefertigt von seiner Tochter, der Malerin.